高等学校应用技术型经济管理系列教材（会计系列）

高等学校应用型经济管理规划教材

 总主编／李 雪　主审／徐国君

会计基本技能学习指导书
Study Guide to Basic Accounting Skills

（第二版）

高　杉◎主　编
刘　艳　王　庆◎副主编

图书在版编目(CIP)数据

会计基本技能学习指导书 / 高杉主编. —2 版. —上海：立信会计出版社，2020.6
高等学校应用技术型经济管理系列教材. 会计系列
ISBN 978-7-5429-6509-7

Ⅰ.①会… Ⅱ.①高… Ⅲ.①会计学-高等学校-教学参考资料 Ⅳ.①F230

中国版本图书馆 CIP 数据核字(2020)第 115407 号

策划编辑　方士华
责任编辑　孙　勇
封面设计　南房间

会计基本技能学习指导书(第二版)
Kuaiji Jiben Jineng Xuexi Zhidaoshu

出版发行	立信会计出版社			
地　　址	上海市中山西路 2230 号	邮政编码	200235	
电　　话	(021)64411389	传　真	(021)64411325	
网　　址	www.lixinaph.com	电子邮箱	lixinaph2019@126.com	
网上书店	http://lixin.jd.com		http://lxkjcbs.tmall.com	
经　　销	各地新华书店			
印　　刷	浙江临安曙光印务有限公司			
开　　本	787 毫米×1092 毫米	1/16		
印　　张	6.5			
字　　数	135 千字			
版　　次	2020 年 6 月第 2 版			
印　　次	2020 年 6 月第 1 次			
印　　数	1—2 100			
书　　号	ISBN 978-7-5429-6509-7/F			
定　　价	18.00 元			

如有印订差错，请与本社联系调换

总　序

教材是高校实现人才培养目标的重要载体,教材及教材建设对高校发展具有举足轻重的作用。与培养模式相对应的教材是培养合格人才的基本保证,是实现培养目标的重要工具。由于历史的原因,在财经类教材的出版方面,相关出版社出版研究型本科或者高职高专、中等职业等层次的教材较多,也较成熟,而在应用技术型本科教材出版上比较欠缺,虽然近年来也出版了一些这方面的教材,但总体而言,还是缺乏权威性、普适性、实用性和创新性。造成这种状况的原因主要在于:出版社对财经类应用技术型本科教材的出版还不够重视,没有进行有效的组织;财经类应用技术型本科院校多为新建院校,教材建设相对滞后,主观上也较愿意使用研究型本科教材;在教材使用中存在比较严重的混用现象,教材的目标读者群不明确,如不少教材既适用于研究型本科又适用于应用技术型本科,或者既适用于本科又适用于高职高专。

由于目前应用技术型教材种类和数量匮乏或质量欠佳,使得应用技术型本科不得不沿用传统研究型教材,比如东北财经大学会计系列教材(包括《基础会计》《中级财务会计》《管理会计》《高级财务会计》《审计》等),中国人民大学会计系列教材(如《成本会计》),教育部统编教材(如《财务管理》)等国家级规划教材。这些教材本身的质量很好、级别很高,但是并不适用于应用技术型本科的教学,教师和学生普遍反映不好用。即使从全国范围看,也还没有相对成套、成熟的适合应用技术型高校使用的教材,不适应教育教学要求。存在的主要问题包括:①教材的定位和要求较高;②教材的内容多、难度大;③教材着重于理论解释,相关案例、实训等内容较少,缺乏普适性、实用性。所以,需要编写适应学生水平、便于学生接受的应用技术型教材。

我们组织具有多年应用技术型人才培养经验的优秀教师和实务界专家编写了本套系列教材。本套系列教材由《会计基本技能》《基础会计》《中级财务会计》《成本会计》《管理会计》《财务管理》《会计信息系统》《审计学原理》《审计实务》《税法》《经济法》《金融学》等构成。为了保证教材的质量,我们聘请了著名高校的专家、教授对本套教材编写进行专门指导和审核。每本教材至少有一名本学科的知名专家或学科带头人提出审核指导意见,至少有一名高等院校教学一线的高级职称教师参与组织编写,至少有一名行业协会、实务界专家和教学研究机构人员提出编写建议。

本套系列教材的特色如下。

1. 应用性

应用技术型本科的教材建设应坚持培养应用技术型本科人才的定位,充分吸收和借鉴传统的普通本科教材与高职高专类教材建设的优点和经验,以就业为导向,做到理论上优于高职高专类教材、动手能力的培养上优于传统的本科院校教材。

本套系列教材体现了应用技术型本科的定位,体现了素质教育和"以学生发展为本"的教育理念,遵循了高等教育教学基本规律,重视知识、能力和素质的协调发展,根据应用技术型人才培养模式对学生的创新精神、实践能力和适应能力的要求,在内容选材、教学方法、学习方法、实验和实训配套等方面突出了应用性特征。

2. 针对性

本套系列教材的编写符合会计学、财务管理和审计学专业的培养目标、培养需求、业务规格(知识结构和能力结构)和教学大纲的基本要求,与各专业的课程结构和课程设置相对应,与课程平台和课程模块相对应。本套系列教材在结构的布局、内容重点的选取、示例习题的设计等方面符合教改目标和教学大纲的要求,把教师的备课、试讲、授课、辅导答疑等教学环节有机地结合起来。

3. 先进性

本套系列教材反映了应用技术型会计人才教育教学改革的内容,能够反映学科领域的新发展。本套系列教材的整体规划、每一种教材构造等均体现了实用性和创新性。本套系列教材还强调了系列配套,包括了教材、学习指导书、教学课件等。

4. 基础性

本套系列教材打破传统教材自身知识框架的封闭性,尝试多方面知识的融会贯通,注重知识层次的递进,体现每一门科目的基本内容,同时,在具体内容上突出实际运用知识的能力,使本套系列教材做到"教师易教,学生乐学,技能实用"。

5. 易于自学性

自学能力的培养是高等教育应该教授给学生的一项基本能力。只有具备了自主学习的能力,才能最终建立起终身学习的保障体系,这也是应用技术型本科人才培养的客观要求。应用技术型高校的生源素质与其他高校相比存在较大差距,除一部分高考发挥失误的学生外,有相当一部分学生在学习习惯、基础知识等方面存在一定的欠缺,这要求本套系列教材要能调动这部分学生的学习积极性,在理论方面尽量通俗易懂,实践方面尽量采用案例式教学。为了有利于学生课后自主学习,本套系列教材配套了学习指导书和教学课件。

因此,本套系列教材的定位和特色把握准确,教材的特色明显,适用于应用技术型高等学校教学,容易得到学生和市场的认可,便于学生的自学和教师的教学。

高等学校应用技术型经济管理系列教材凝聚了众多领导、教授和专家多年来的经验和心血。当然,由于我们的经验和人力有限,教材中难免存在不足,我们期待着各位同行、专家和读者的批评指正。我们将随着经济发展和会计环境的变迁不断修订教材,以便及时反映学科的最新发展和人才培养的最新变化。

本套系列教材出版后,得到学生和市场的认可,深受广大读者欢迎。为了更好地回馈读者,本套系列教材从2017年起启动第二版的修订工作,各种教材的第二版将陆续出版。我们会一如既往地做好教材修订和相关服务工作,希望广大读者对本套系列教材继续给予支持。

李 雪

2020 年 6 月

第二版前言

本书是高等学校应用技术型经济管理系列教材(会计系列)《会计基本技能(第二版)》教材的配套学习指导书,具有应用性、针对性、先进性、基础性、易于自学性的特点。本书既可作为高等财经院校财务会计教学的辅助教材,也可作为企业管理人员学习财务会计的参考用书。

一、本书写作思路及内容安排

本书根据《会计基本技能(第二版)》教材及教学大纲的要求,设计了各章重点与难点的提炼讲解,在讲解的过程中配有相关典型例题。重点与难点讲解完毕后,每章配有练习题并提供了相应的参考答案。

《会计基本技能指导书(第二版)》分为两个部分:第一部分为"学习指导及思考与练习",下设"本章基本内容框架""重点、难点讲解及典型例题""思考与练习";第二部分为"思考与练习参考答案"。

二、本书的特点

(1) 本书以就业为导向,突出理论联系实际,体现实际操作能力,重视知识、能力和素质的协调发展,旨在为学生的就业打下坚实基础。

(2) 内容上体现教、学、训、练、用的结合。以培养学生动手能力为原则,从各项基本技能的每个环节入手,教与学结合、学与训一体、练与用衔接,既注重对实际工作中常用技能的介绍,又兼有知识技能的拓展。

(3) 案例的设计体现综合性和超前性。使学生通过练习能更多地接触会计基本技能的实务操作,提高分析和解决问题的能力。

(4) 注重对重点、难点的讲解,借助仿真原始凭证、账簿、图、表等工具进行讲解,图文并茂,通俗易懂。

(5) 习题形式多样。既有客观题,也有大量的案例题和业务题,涵盖面广,可以考查学生综合分析和解决问题的能力。

(6) 重视对知识点的总结,并运用知识点对比的方式,以便学生掌握知识。

本书由高杉任主编,刘艳、王庆任副主编,多位优秀教师和实务界专家参编。具体分工如下:第一章总论(高杉),第二章会计的书写技能(王庆),第三章电子计算工具的应用技能(李艳花、蔡素兰),第四章现钞与电子货币的应用技能(王庆),第五章常见原始凭证的认知与填制(高杉),第六章会计资料的整理、归档与保管(刘艳),第七章会计人员的沟通技能(刘艳)。

  在本书编写的过程中,编者参考了大量相关教材和论著,在此向有关作者致以深深的谢意!

  本书的编写先后经过多次讨论研究,力求内容编排合理、避免错误,但难免存在考虑不周、表达不妥当的地方,书中疏漏不足之处,敬请读者批评指正。

编 者

2020 年 6 月

目 录

第一部分 学习指导及思考与练习

第一章 总论 ······ 1
本章基本内容框架 ······ 1
重点、难点讲解及典型例题 ······ 1
思考与练习 ······ 5

第二章 会计的书写技能 ······ 7
本章基本内容框架 ······ 7
重点、难点讲解及典型例题 ······ 7
思考与练习 ······ 12

第三章 电子计算工具的应用技能 ······ 25
本章基本内容框架 ······ 25
重点、难点讲解及典型例题 ······ 25
思考与练习 ······ 29

第四章 现钞与电子货币的应用技能 ······ 37
本章基本内容框架 ······ 37
重点、难点讲解及典型例题 ······ 38
思考与练习 ······ 45

第五章 常见原始凭证的认知与填制 ······ 48
本章基本内容框架 ······ 48

重点、难点讲解及典型例题 …………………………………………… 48
　　思考与练习 ………………………………………………………………… 55

第六章　会计资料的整理、归档与保管 …………………………………… 60
　　本章基本内容框架 ………………………………………………………… 60
　　重点、难点讲解及典型例题 …………………………………………… 60
　　思考与练习 ………………………………………………………………… 65

第七章　会计人员的沟通技能 ………………………………………………… 68
　　本章基本内容框架 ………………………………………………………… 68
　　重点、难点讲解及典型例题 …………………………………………… 68
　　思考与练习 ………………………………………………………………… 73

第二部分　思考与练习参考答案

　　第一章　总　论 …………………………………………………………………… 76
　　第二章　会计的书写技能 ……………………………………………………… 77
　　第三章　电子计算工具的应用技能 ………………………………………… 80
　　第四章　现钞与电子货币的应用技能 ……………………………………… 83
　　第五章　常见原始凭证的认知与填制 ……………………………………… 85
　　第六章　会计资料的整理、归档与保管 …………………………………… 88
　　第七章　会计人员的沟通技能 ………………………………………………… 91

第一部分　学习指导及思考与练习

第一章　总　论

 本章基本内容框架

会计的含义

会计的特征
- 以货币作为主要的计量尺度
- 以凭证为依据
- 核算具有连续性、系统性、完整性和综合性
- 为提高经济效益服务

会计的基本职能
- 反映职能
- 监督职能

会计核算工作流程

会计基本技能概述
- 含义
- 内容
- 重要性

 重点、难点讲解及典型例题

一、会计的含义

会计是以货币为主要计量单位,反映和监督一个单位经济活动的一种经济管理工作。

具体来说,会计是以货币为主要计量单位,以凭证为依据,运用一系列专门的方法和程序,对一定主体的经济活动进行连续、系统、全面地反映和监督,旨在提供经济信息和提高经济效益的一项经济管理活动,是经济管理的重要组成部分。

二、会计的特征(见图1-1)

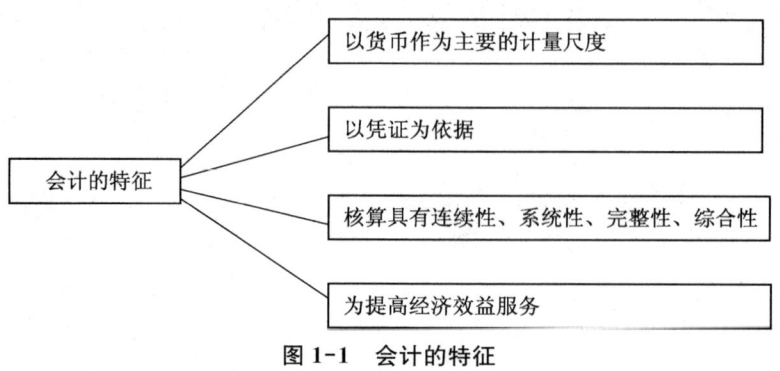

图1-1 会计的特征

三、会计的基本职能(见图1-2)

1. 会计的反映职能

会计的反映职能是指会计能够按照公认会计准则的要求,通过一定的程序和方法,全面、系统、及时、准确地将一个会计主体所发生的会计事项表达出来,以达到揭示会计事项的本质,为经营管理提供经济信息的功能。

2. 会计的监督职能

会计的监督职能是指会计按照一定的目的和要求,利用会计信息系统所提供的信息,对会计主体的经济活动进行控制、监察和督促,使会计主体达到预期的目标。会计的监督职能就是监督经济活动按照有关的法规和计划进行。

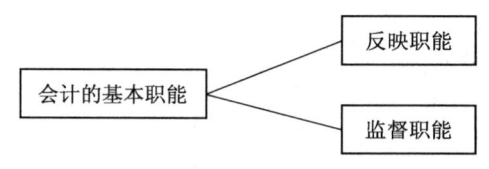

图1-2 会计的基本职能

【例题1·单项选择题】 关于会计的含义及特征,下列说法不正确的是( )。

A. 会计以凭证为依据

B. 会计为提高经济效益服务

C. 会计以货币为唯一计量尺度

D. 会计是一种经济管理工作

【答案】 C

【解析】 货币为会计主要计量尺度,而并非唯一。

四、会计核算工作流程(见图1-3)

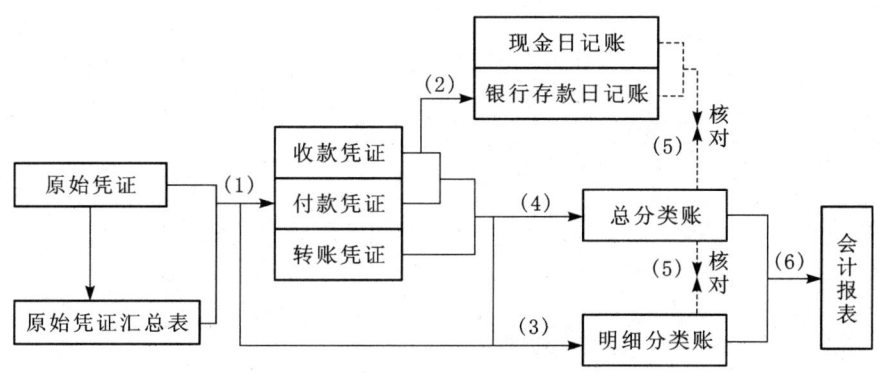

图1-3　会计核算工作流程

【例题2·多项选择题】 下列有关会计核算业务流程的说法中,正确的有(　　)。

A. 经济业务发生以后,根据原始凭证或原始凭证汇总表填制各种专用记账凭证

B. 根据收款凭证、付款凭证和转账凭证逐笔登记现金日记账和银行存款日记账

C. 月末,将日记账、明细分类账的余额与总分类账中相应账户的余额进行核对

D. 月末,根据总分类账和明细分类账的资料编制会计报表

【答案】　CD

【解析】　选项A,经济业务发生以后,根据审核无误的原始凭证或原始凭证汇总表填制各种专用记账凭证;选项B,根据收款凭证和付款凭证逐笔登记现金日记账和银行存款日记账,转账凭证不会涉及现金或银行存款的收支业务。

五、会计基本技能的含义

会计基本技能是指从事会计工作的人员在其职业活动范围内应该具备并掌握的基本操作技能,是做好各项会计工作的前提条件。

会计工作是一项专业性和技术性很强的工作,从业人员必须具备一定的会计专业知识和技能,才能胜任会计工作,适应会计发展的需要。

六、会计基本技能的内容(见表1-1)

表1-1　　　　　　　　　　会计基本技能一览表

基本技能	具体内容
1. 会计的书写技能	包括阿拉伯数字、中文大写数字的书写技能以及电子书写技能

(续表)

基本技能	具体内容
2. 电子计算工具的应用技能	掌握翻打传票及电子收款机的应用
3. 现钞与电子货币应用技能	掌握多种点钞方法及人民币的假币鉴别技能
4. 常见原始凭证的认知与填制	掌握银行结算业务、现金收付业务常见原始凭证的认知与填制
5. 会计资料的整理、归档与保管	掌握凭证、账簿及财务报告等会计资料的整理、归档与保管
6. 会计人员的沟通技能	掌握会计人员与外部单位的沟通技能和与单位内部人员的沟通技能

七、学习会计基本技能的重要性

1. 为经济决策提供资料

会计工作是一项重要的经济管理工作,它通过收集、处理、利用和提供会计信息,对经济活动进行核算和监督,提高会计基本技能可以为信息使用者提供更加可靠的、相关的信息资料。

2. 保障经济信息的正确性

会计基本技能是做好会计核算和监督工作的基本要求,是正确、及时提供各种经济信息的保障。在繁重的经济数据计算中,只有准确、快速地完成各种经济数据的计算,才能充分发挥会计基本技能的基础作用,保障相关信息的正确性。

3. 保护国家货币安全

作为企业财务部门及金融机构的业务工作人员,应加强培养自身职业道德修养和提高点钞与验钞的技能,增强识别真假人民币的鉴别能力,保护国家货币安全和消费者的利益,维护金融秩序。

4. 提高职业技能,参与企业管理

作为一名会计工作者,必须不断地提高职业技能,这既是会计人员的义务,也是在执业活动中做到客观公正、坚持准则的基础,更是参与企业管理的前提。

【例题3·多项选择题】 下列属于会计基本技能的有(   )。

A. 会计数字的书写技能

B. 翻打传票技能

C. 人民币的假币识别技能

D. 会计计划的撰写

【答案】 ABC

【解析】 各种会计计划、预算均不属于会计资料的范畴。

思考与练习

一、单项选择题

1. ( )是会计核算工作流程的起始环节。
   A. 填制原始凭证　　　　　　　　B. 登记账簿
   C. 编制记账凭证　　　　　　　　D. 进行试算平衡

2. 会计的主要计量单位为( )。
   A. 实物　　　　　　　　　　　　B. 劳动
   C. 货币　　　　　　　　　　　　D. 混合

3. ( )是企业在经济业务发生时取得或填制,载明经济业务具体内容和完成情况的书面证明。
   A. 记账凭证　　　　　　　　　　B. 原始凭证
   C. 账簿　　　　　　　　　　　　D. 传票

4. 在会计职能中,监督职能是( )。
   A. 进行会计核算　　　　　　　　B. 实施会计监督
   C. 参与经营决策　　　　　　　　D. 评价经营业绩

5. 会计核算的最终环节是( )。
   A. 确认　　　B. 计量　　　C. 计算　　　D. 报告

二、多项选择题

1. 会计的基本职能有( )。
   A. 反映职能　　　　　　　　　　B. 监督职能
   C. 计量职能　　　　　　　　　　D. 记录职能

2. 会计的含义包括( )。
   A. 会计是一种计量技术　　　　　B. 会计是一个信息系统
   C. 会计是一种管理活动　　　　　D. 会计是决策的依据

3. 会计核算工作流程主要包括( )等环节。
   A. 填制原始凭证　　　　　　　　B. 编制记账凭证
   C. 登记账簿　　　　　　　　　　D. 编制会计报表

4. 下列属于会计基本技能的有( )。
   A. 增值税专用发票的填开　　　　B. 会计档案的装订
   C. 点钞技能　　　　　　　　　　D. 电子计算工具的运用

5. 关于会计的反映职能和监督职能之间的关系,下列说法正确的有(　　)。

A. 两者之间相辅相成、辩证统一

B. 反映职能是监督职能的基础

C. 会计监督是会计反映的客观依据

D. 两者没有必然联系

三、判断题

1. 会计是以货币为计量单位,反映和监督单位经济活动的一种经济管理工作。(　　)

2. 经济业务发生以后,根据审核无误的原始凭证或原始凭证汇总表填制各种专用记账凭证。(　　)

3. 会计的职能是指会计在经济管理中所具有的功能。会计的职能仅包括反映和监督两个方面。(　　)

4. 会计基本技能是指从事会计工作的人员在其职业活动范围内应该具备并掌握的基本操作技能,是做好各项会计工作的前提条件。(　　)

5. 会计档案的保管必须根据《会计档案管理办法》的统一规定在保存年限内妥善保管,不得丢失和销毁。(　　)

四、案例分析题

王明是华夏有限责任公司刚录用的会计学专业应届本科毕业生,主要负责出纳工作。在日常工作中,王明发现会计基本技能贯穿于每天工作的始终。

(1) 上午 9 点,到银行提取现金。

(2) 上午 10 点,为业务员张力办理差旅费报销业务,收回预借差旅费余款。

(3) 下午 5 点,盘点当日现金,进行现金的清查。

(4) 月末,将本期会计凭证装订成册。

请问王明在办理上述业务时,会涉及哪些会计基本技能?

第二章 会计的书写技能

本章基本内容框架

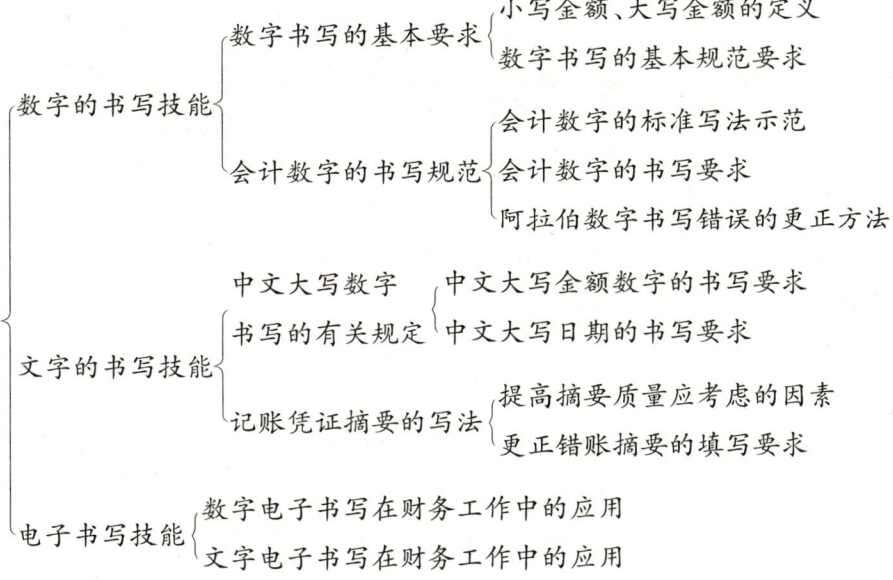

重点、难点讲解及典型例题

一、数字的书写技能

(一) 数字书写的基本要求

"小写金额"是指用阿拉伯数字表示的金额数字,通常用于各种原始凭证、记账凭证、账簿和报表上;"大写金额"是指用中文大写数字表示的金额数字,主要用于填写收款收据、支票、存取款单等重要原始凭证。

数字书写的基本规范要求,如图 2-1 所示。

(二) 会计数字的书写规范(见图 2-2)

(1) 书写顺序:应由高位到低位、从左到右地认真书写,不得连笔写。

(2) 向左倾斜:数字与底线的夹角一般为 60 度左右。

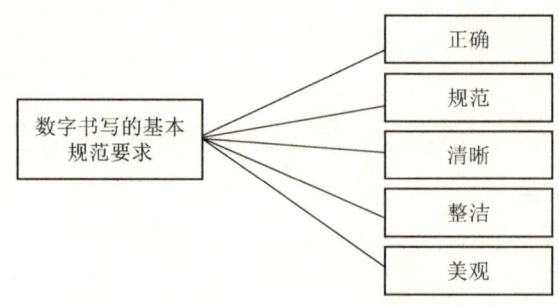

图 2-1　数字书写的基本规范化要求

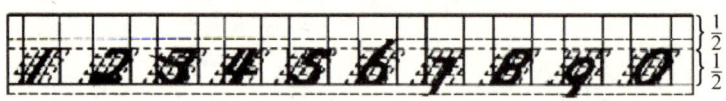

图 2-2　会计数字的书写规范

(3) 预留空格：紧贴底线，数字高度约占账表金额分位格的 1/2。

(4) 大小一致：除"6""7"和"9"以外，其他数字大小、高低要一致；除"4""5"以外的数字，均应一笔写成。

总之，阿拉伯数字的宽窄与长短比例要匀称，力求美观、大方。

【例题1·多项选择题】 下列各项关于"6"的书写要求，说法正确的有（　　）。

A. "6"的上端应比其他数字高出 1/4

B. 应一笔写成，不能人为地增加数字的笔画

C. 下端不需紧贴底线，要悬空，居中书写

D. 数字与底线的夹角一般为 60 度左右

【答案】 ABD

【解析】 书写数字应自上而下，先左后右，紧贴底线，不要悬空，上不可顶格。

【例题2·判断题】 小写金额数字高度约占凭证、账表金额分位格的 1/2，这样既美观又便于改错。　　　　　　　　　　　　　　　　（　　）

【答案】 错

【解析】 小写金额数字高度约占账表金额分位格的 1/2，这样既美观又便于改错。若会计凭证上的金额有错，需重新开具或填制，故无"占凭证金额分位格的 1/2"的相关规定。

(三) 阿拉伯数字书写错误的更正

在登记账簿等会计工作中，如果阿拉伯数字或文字书写错误，切忌刮擦、挖补或使用涂改液，应当采用划线更正法（详见表 2-1）。

表 2-1　　　　　　　划线更正法的适用范围、更正步骤及注意事项

错误类型＼内容	适用范围	更正步骤	注意事项
阿拉伯数字错误	记账凭证无错误，登记账簿有错误	在错误的数字上划一条红线，表示注销，在红线的上方填写正确的数字，并由记账人员及会计机构负责人在更正处盖章	更正时不得只划销错误数字，应将全部数字划销
文字错误	（同上）	（同上）	更正时只需划销错误文字

【例题3·单项选择题】 更正错账时，划线更正法的适用范围是（　　）。

A. 记账凭证上会计科目或记账方向错误，导致账簿记录错误

B. 记账凭证正确，在记账时发生错误，导致账簿记录错误

C. 记账凭证上会计科目或记账方向正确，所记金额大于应记金额，导致账簿记录错误

D. 记账凭证上会计科目或记账方向正确，所记金额小于应记金额，导致账簿记录错误

【答案】 B

【解析】 记账凭证上会计科目、记账方向或金额错误，导致账簿记录错误，应使用红字更正法或补充登记法。

二、文字的书写技能

（一）中文大写金额数字的书写要求

(1) 一律用正楷字体或行书字体书写，不得任意自造简化字。

(2) 大写金额前加写"人民币"字样，在"人民币"与大写金额数字之间不得留有空位。

(3) 正确运用"整"字：①中文大写金额到"元"为止的，应当写"整"或"正"字；②到"角"为止的，可不写；③到"分"位的，不写"整"或"正"字。

(4) 有关"零"的写法：①阿拉伯数字中间有"0"时，只写一个"零"字；②万位或元位是"0"，但千位、角位不是"0"时，可以不写"零"字。

(5) 大写金额"拾""佰""仟""万"等数字前必须冠有数量字"壹""贰""叁"……"玖"等，不可省略。

【例题4·单项选择题】 ￥14 408.08的中文大写正确的是（　　）。

A. 人民币一万四千四百零八元八分

B. 壹万肆仟肆佰零捌元零捌分

C. 人民币壹万肆仟肆佰零捌元零捌分

D. 人民币壹万肆仟肆佰捌元捌分

【答案】 C

【解析】 中文大写金额数字应一律用正楷或者行书字体书写,不得用中文小写一、二、三、四、五、六、七、八、九、十或廿、两、毛、另(或0)、园等字样代替;中文大写金额前应加"人民币"字样;阿拉伯数字中间有"0"时,写"零"字。

(二)中文大写日期的书写要求(见图2-3)

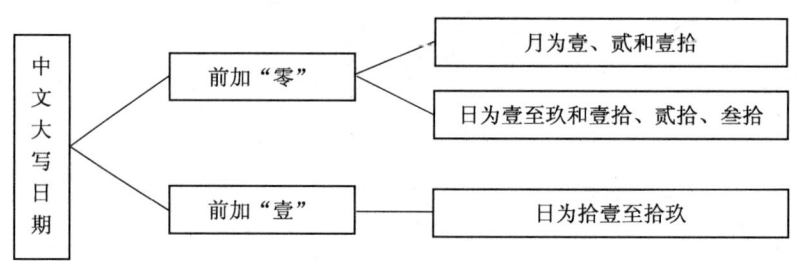

图2-3 中文大写日期的书写要求

注:10月10日前既加"零"又加"壹",如零壹拾月零壹拾日。

【例题5·单项选择题】 票据出票日期为"2月12日",符合规定的中文大写日期是( )。

A. 贰月拾贰日　　　　　　　B. 贰月壹拾贰日

C. 零二月一拾二日　　　　　D. 零贰月壹拾贰日

【答案】 D

【解析】 为防止变造票据的出票日期,在填写月、日时,月为壹、贰和壹拾的,日为壹至玖和壹拾、贰拾、叁拾的,应在其前加"零";日为拾壹至拾玖的,应在其前面加"壹"。

【例题6·判断题】 票据出票日期使用小写填写的,银行可以受理,但由此造成的损失由出票人承担。　　　　　　　　　　　　　　　　　　　　( )

【答案】 错

【解析】 票据出票日期使用小写填写的,银行不予受理。大写日期未按要求规范填写的,银行可予受理,但由此造成损失的,由出票人自行承担。

(三)记账凭证摘要的写法

1. 简明扼要

摘要的字数应以一行为限,不能过于简单,要"简"而"明"。

2. 突出中心

摘要中需要反映必要的数字(时间或数量定语),这样不仅能有效防止会计分录发生重复、遗漏,而且便于账务查询。例如,交某月水电费、电话费、社会保险费、住房公积金等;计提并发放某月几人工资。另外,购买重要资产的记账凭证摘要,要注明资产的数量。

3. 详略得当

"银行存款"科目的摘要即要清楚地反映款项的进出,又要便于对账和查账。摘要须具备两个方面的内容:结算款项的对象及业务内容、结算的方式和结算凭证的号码,以便将银行存款日记账与银行对账单相核对。

4. 说明问题

复合分录记账凭证应分别按不同经济业务填写摘要。

总之,记账凭证摘要的填写虽不像会计科目那样有严格、规范的标准,但作为会计人员,应努力提高自己对会计业务事项的表达和概括能力,力求使记账凭证的摘要标准化、规范化。

三、电子书写技能

1. "￥"的书写

(1) 按"Shift+$/4"组合键。将语言栏选择切换到中文状态(搜狗输入法和智能ABC都可以),然后按键盘"Shift+$/4"组合键,中文状态是"￥",英文状态是"$"。

(2) 使用搜狗输入法时,直接输入人民币拼音的缩写,然后选择"￥"。

2. 输入当前日期或时间

(1) 在 Word 中输入当前日期或时间。使用菜单栏中"插入"选项,选择"时间"命令插入当前的日期或时间。

(2) 在 Excel 表中输入当前日期或时间。使用快捷键进行快速输入:输入当前的日期,按"Ctrl+;"组合键;输入当前的时间,按"Ctrl+Shift+;"组合键。

3. 运用中文输入法输入大写数字

(1) 在中文输入法状态下书写大写金额数字,如在搜狗输入法中文状态下输入字母"V",然后用数字小键盘输入需要大写的数字,如输入"123",再输入字母"b",即写成"壹佰贰拾叁"。

(2) 在中文输入法状态下书写大写日期数字,如在搜狗输入法中文状态下输入字母"V",然后用数字小键盘输入需要大写的数字,如输入"2015",再输入字母"d",即写成"贰零壹伍"。

思考与练习

一、单项选择题

1. 填制原始凭证时,下列不符合书写要求的是（　　）。
   A. 阿拉伯数字前面应当书写货币币种符号
   B. 币种符号与阿拉伯金额数字之间不得留有空白
   C. 凡在阿拉伯金额数字前面写有币种符号的,数字后面不再写货币单位
   D. 中文大写金额到"分"位的,分后面要写"整"或"正"字

2. 中文大写金额数字可以使用的字体有（　　）。
   A. 正楷或行书　　　　　　　　B. 草书
   C. 隶书　　　　　　　　　　　D. 行书或草书

3. 关于票据或结算凭证的金额,下列说法正确的是（　　）。
   A. 大小写金额可以不一致
   B. 大小写金额必须一致
   C. 若大写金额填错,可以按规定进行更正
   D. 若小写金额填错,可以按规定进行更正

4. "￥1 050.65"的大写金额可写为（　　）。
   A. 人民币一千零五十元六角五分
   B. 人民币一千零五十元六角五分
   C. 壹仟零伍拾元陆角伍分
   D. 人民币壹仟零伍拾元陆角伍分

5. 已经登记入账的记账凭证,在当年内发现有误,可以用红字填写一张与原内容相同的记账凭证,在摘要栏注明（　　）,以冲销原错误的记账凭证。
   A. 注销某月某日某号凭证　　　B. 订正某月某日某号凭证
   C. 注明原凭证经济业务的内容　D. 注明对方单位名称

二、多项选择题

1. 下列各项中,符合《支付结算办法》规定的有（　　）。
   A. 用正楷或行书书写中文大写金额数字
   B. 中文大写金额数字的"角"之后不写"整"（或"正"）字
   C. 阿拉伯小写金额数字前面应填写人民币符号
   D. 票据出票日期用阿拉伯数字填写

2. 下列各项中,关于会计数字的说法正确的有(　　)。

A. 书写数字应由高位到低位,从左到右,认真书写,不得连笔写,以免分辨不清

B. 书写阿拉伯数字时,自右上方向左下方倾斜地写,数字与底线的夹角一般为60度左右

C. 数字高度约占账表凭证金额分位格的1/2,这样既美观又便于改错

D. 除"6""7"和"9"以外,其他数字大小、高低要一致

3. 在原始凭证上书写金额数字,正确的有(　　)。

A. 人民币符号"￥"与阿拉伯数字间不得留有空白,金额数字一律填写到角、分

B. 无角分的,角位和分位可写"00"或者"—";有角无分的,分位可以写"0",也可用"—"代替

C. 大写金额到元或角为止的,后面要写"整"或"正"字,有分的,不写"整"或"正"字

D. 大写金额前未印有"人民币"字样的,应加写"人民币"3个字,"人民币"字样与大写金额之间不得留有空白

4. 记账凭证摘要的总体填写要求包括(　　)。

A. 简明扼要　　　　　　　　B. 突出中心

C. 详略得当　　　　　　　　D. 说明问题

5. 下列各项中,有关"0"的写法表述正确的有(　　)。

A. 小写金额数字中间只有一个"0"的,大写金额数字要写"零"字

B. 小写金额数字中间连续有几个"0"的,大写金额数字可以只写一个"零"字

C. 小写金额数字元位是"0",或者数字中间连续有几个"0",元位也是"0",但角位不是"0"时,大写金额数字中间可以只写一个"零",也可以不写"零"

D. 小写金额数字角位是"0"而分位不是"0"时,大写金额"元"字后必须写"零"字

三、判断题

1. 填写票据和结算凭证时,中文大写金额数字书写可以使用繁体字。　(　　)

2. 账簿中书写的文字和数字上面要留有适当空间,不要写满格,一般应占格距的1/2。　(　　)

3. 原始凭证金额有错误,应当采用划线更正法更正,并在更正处签章,以明确责任。　(　　)

4. 华夏公司出纳在填写金额为￥6 007.14的票据时,大写金额写成了"人民币陆仟零零柒元壹角肆分",该出纳人员的写法是正确的。　(　　)

5. 记账凭证摘要的填写质量,能反映会计基础工作的质量和会计人员的业务素质,直接影响会计账簿的质量,进而影响会计查询、统计汇总工作。　(　　)

四、技能训练

1. 大小写人民币金额的正确书写

小写：￥28 703.49

大写：_____

小写：￥160 000.00

大写：_____

小写：￥580.20

大写：_____

小写：￥3 000 070.10

大写：_____

大写：人民币捌拾柒万肆仟壹佰叁拾柒元陆角陆分

小写：_____

大写：人民币陆拾万柒仟壹佰柒拾肆元陆角壹分

小写：_____

大写：人民币贰拾柒万肆仟壹佰叁拾贰元壹角玖分

小写：_____

大写：人民币贰拾肆万零陆佰柒拾陆元捌角贰分

小写：_____

2. 阿拉伯数字书写、中文大写数字书写练习

将0~9这10个阿拉伯数字反复书写30遍，且须符合标准。财会专业的学生要求达到三级标准，非财会专业要求达到四级标准。

一级2.5分钟以内完成；二级3分钟以内完成；三级3.5分钟以内完成；四级4分钟以内完成。

阿拉伯数字书写练习

日期：_____ 完成时间：_____ 分

千	百	十	万	千	百	十	元	角	分	千	百	十	万	千	百	十	元	角	分	千	百	十	万	千	百	十	元	角	分

出纳员常用文字书写纸

日期：_____　　　　　　　　　　　　　　　　　　　　　　完成时间：_____ 分

零	壹	贰	叁	肆	伍	陆	柒	捌	玖	拾	佰	仟	万	亿	元	整

将0~9这10个阿拉伯数字反复书写30遍，且符合标准。财会专业的学生要求达到三级标准，非财会专业要求达到四级标准。你达到了几级？

一级2.5分钟以内完成；二级3分钟以内完成；三级3.5分钟以内完成；四级4分钟以内完成。

阿拉伯数字书写练习

日期：_____　　　　　　　　　　　　　　　　　　　　　　完成时间：_____ 分

千	百	十	万	千	百	十	元	角	分	千	百	十	万	千	百	十	元	角	分	千	百	十	万	千	百	十	元	角	分

出纳员常用文字书写纸

日期：_____　　　　　　　　　　　　　　　　　　　　　　完成时间：_____ 分

零	壹	贰	叁	肆	伍	陆	柒	捌	玖	拾	佰	仟	万	亿	元	整

将 0~9 这 10 个阿拉伯数字反复书写 30 遍,且符合标准。财会专业的学生要求达到三级标准,非财会专业要求达到四级标准。你达到了几级?

一级 2.5 分钟以内完成;二级 3 分钟以内完成;三级 3.5 分钟以内完成;四级 4 分钟以内完成。

阿拉伯数字书写练习

日期:_____　　　　　　　　　　　　　　　　　　完成时间:_____分

千	百	十	万	千	百	十	元	角	分	千	百	十	万	千	百	十	元	角	分	千	百	十	万	千	百	十	元	角	分

出纳员常用文字书写纸

日期:_____　　　　　　　　　　　　　　　　　　完成时间:_____分

零	壹	贰	叁	肆	伍	陆	柒	捌	玖	拾	佰	仟	万	亿	元	整

将 0~9 这 10 个阿拉伯数字反复书写 30 遍,且符合标准。财会专业的学生要求达到三级标准,非财会专业要求达到四级标准。你达到了几级?

一级 2.5 分钟以内完成;二级 3 分钟以内完成;三级 3.5 分钟以内完成;四级 4 分钟以内完成。

阿拉伯数字书写练习

日期：_____　　　　　　　　　　　　　　　　　　　　完成时间：_____ 分

千	百	十	万	千	百	十	元	角	分	千	百	十	万	千	百	十	元	角	分	千	百	十	万	千	百	十	元	角	分

出纳员常用文字书写纸

日期：_____　　　　　　　　　　　　　　　　　　　　完成时间：_____ 分

零	壹	贰	叁	肆	伍	陆	柒	捌	玖	拾	佰	仟	万	亿	元	整

将 0~9 这 10 个阿拉伯数字反复书写 30 遍，且符合标准。财会专业的学生要求达到三级标准，非财会专业要求达到四级标准。你达到了几级？

一级 2.5 分钟以内完成；二级 3 分钟以内完成；三级 3.5 分钟以内完成；四级 4 分钟以内完成。

阿拉伯数字书写练习

日期：_____　　　　　　　　　　　　　　　　　完成时间：_____分

千	百	十	万	千	百	十	元	角	分	千	百	十	万	千	百	十	元	角	分	千	百	十	万	千	百	十	元	角	分

出纳员常用文字书写纸

日期：_____　　　　　　　　　　　　　　　　　完成时间：_____分

零	壹	贰	叁	肆	伍	陆	柒	捌	玖	拾	佰	仟	万	亿	元	整

将 0~9 这 10 个阿拉伯数字反复书写 30 遍，且符合标准。财会专业的学生要求达到三级标准，非财会专业要求达到四级标准。你达到了几级？

一级 2.5 分钟以内完成；二级 3 分钟以内完成；三级 3.5 分钟以内完成；四级 4 分钟以内完成。

阿拉伯数字书写练习

日期：_____　　　　　　　　　　　　　　　　　　　完成时间：_____ 分

千	百	十	万	千	百	十	元	角	分	千	百	十	万	千	百	十	元	角	分	千	百	十	万	千	百	十	元	角	分

出纳员常用文字书写纸

日期：_____　　　　　　　　　　　　　　　　　　　完成时间：_____ 分

零	壹	贰	叁	肆	伍	陆	柒	捌	玖	拾	佰	仟	万	亿	元	整

　　将0～9这10个阿拉伯数字反复书写30遍，且符合标准。财会专业的学生要求达到三级标准，非财会专业要求达到四级标准。你达到了几级？

　　一级2.5分钟以内完成；二级3分钟以内完成；三级3.5分钟以内完成；四级4分钟以内完成。

阿拉伯数字书写练习

日期：_____　　　　　　　　　　　　　　　　　　　　完成时间：_____ 分

千	百	十	万	千	百	十	元	角	分	千	百	十	万	千	百	十	元	角	分	千	百	十	万	千	百	十	元	角	分

出纳员常用文字书写纸

日期：_____　　　　　　　　　　　　　　　　　　　　完成时间：_____ 分

零	壹	贰	叁	肆	伍	陆	柒	捌	玖	拾	佰	仟	万	亿	元	整

　　将0～9这10个阿拉伯数字反复书写30遍，且符合标准。财会专业的学生要求达到三级标准，非财会专业要求达到四级标准。你达到了几级？

　　一级2.5分钟以内完成；二级3分钟以内完成；三级3.5分钟以内完成；四级4分钟以内完成。

阿拉伯数字书写练习

日期：_____   完成时间：_____分

千	百	十	万	千	百	十	元	角	分	千	百	十	万	千	百	十	元	角	分	千	百	十	万	千	百	十	元	角	分

出纳员常用文字书写纸

日期：_____   完成时间：_____分

零	壹	贰	叁	肆	伍	陆	柒	捌	玖	拾	佰	仟	万	亿	元	整

　　将0～9这10个阿拉伯数字反复书写30遍,且符合标准。财会专业的学生要求达到三级标准,非财会专业要求达到四级标准。你达到了几级？

　　一级2.5分钟以内完成;二级3分钟以内完成;三级3.5分钟以内完成;四级4分钟以内完成。

阿拉伯数字书写练习

日期：_____　　　　　　　　　　　　　　　　　　　　完成时间：_____分

千	百	十	万	千	百	十	元	角	分	千	百	十	万	千	百	十	元	角	分	千	百	十	万	千	百	十	元	角	分

出纳员常用文字书写纸

日期：_____　　　　　　　　　　　　　　　　　　　　完成时间：_____分

零	壹	贰	叁	肆	伍	陆	柒	捌	玖	拾	佰	仟	万	亿	元	整

　　将0～9这10个阿拉伯数字反复书写30遍，且符合标准。财会专业的学生要求达到三级标准，非财会专业要求达到四级标准。你达到了几级？

　　一级2.5分钟以内完成；二级3分钟以内完成；三级3.5分钟以内完成；四级4分钟以内完成。

阿拉伯数字书写练习

日期：_____　　　　　　　　　　　　　　　完成时间：_____分

千	百	十	万	千	百	十	元	角	分	千	百	十	万	千	百	十	元	角	分	千	百	十	万	千	百	十	元	角	分

出纳员常用文字书写纸

日期：_____　　　　　　　　　　　　　　　完成时间：_____分

零	壹	贰	叁	肆	伍	陆	柒	捌	玖	拾	佰	仟	万	亿	元	整

五、案例分析题

1. 填写支票

（1）2019 年 12 月 9 日，华夏有限责任公司发生审计费 5 000.00 元，签发转账支票给大成会计师事务所。请以出纳王小红的身份填写转账支票，如图 2-4 所示。

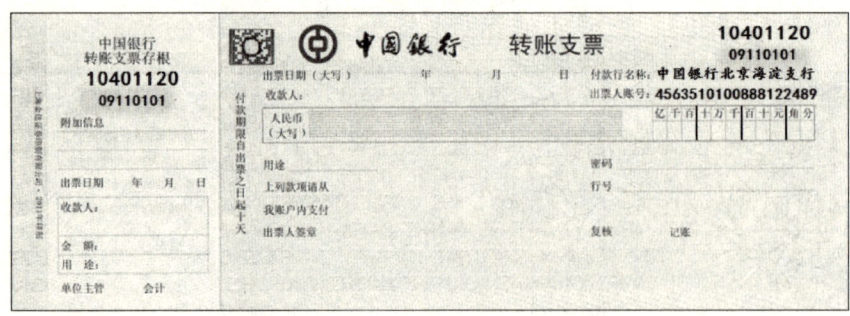

图 2-4 转账支票

(2) 2019 年 12 月 20 日，华夏有限责任公司发生维修空调费用 985.00 元，签发现金支票给空调修理工李成明。请以出纳王小红的身份填写现金支票，如图 2-5 所示。

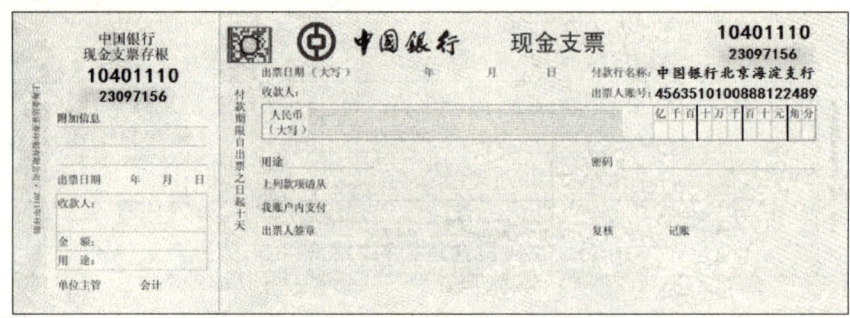

图 2-5 现金支票

2. 若大成会计师事务所凭支票向银行提示付款时，华夏有限责任公司支票存款账户上余额为 4 500 元，不足支付支票金额，银行认为其签发的支票余额不足，对其予以退票。试分析华夏有限责任公司签发该支票的行为是否违法。

第三章 电子计算工具的应用技能

 本章基本内容框架

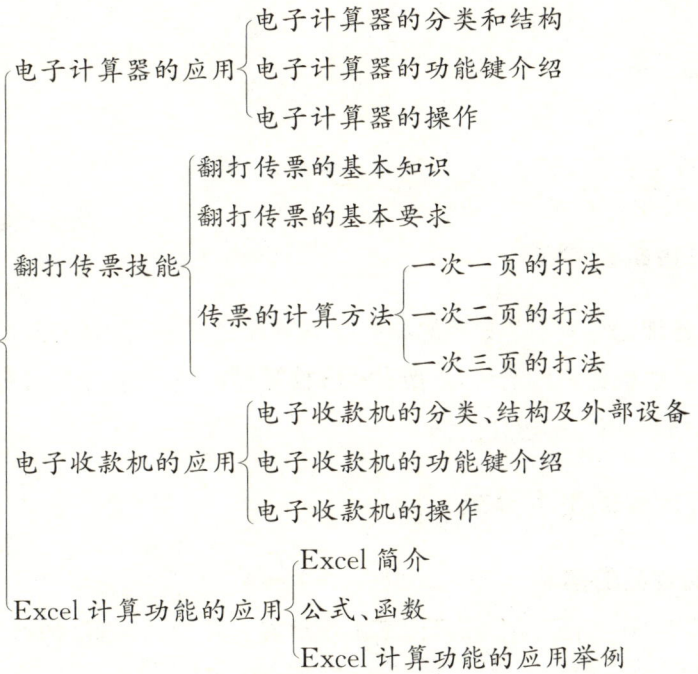

 重点、难点讲解及典型例题

一、计算器的基本指法（见表3-1）

表3-1　　　　　　　　　　计算器的基本指法

键　位	指　法
0	由拇指负责
1、4、7	由食指负责

(续表)

键　位	指　法
2、5、8、00	由中指负责
3、6、9、.	由无名指负责
+、-、×、÷、=	由小指负责

【例题1·单项选择题】 根据电子计算器的指法，数字"3""6""9"应由（　　）负责。

A. 食指　　　　　　　　　　B. 中指

C. 无名指　　　　　　　　　D. 小指

【答案】 C

【解析】 在使用计算器时，数字键3,6,9由无名指负责。

二、翻打传票的含义

传票是指各种记有文字和数字的原始单据和凭证，因其在有关人员之间周转传递而得名。翻打传票也称为传票算，是指在经济核算过程中，对传票的数据进行汇总计算的一种方法，一般采用加减运算。

三、翻打传票的基本要求

（一）桌面物品的摆放

当采用计算器作为计算工具时，传票本应放在左手边，计算器放在右手边，答题纸放在中间偏下方的位置。

【例题2·单项选择题】 为方便计算，翻打传票在摆放时，传票本应放在（　　）。

A. 左手边　　　　　　　　　B. 右手边

C. 中间　　　　　　　　　　D. 下面

【答案】 A

【解析】 在翻打传票前，应整理好桌面以提高计算速度。一般来讲，传票本应放在左手边。

（二）传票的整理

整理传票的步骤如下。

（1）传票的检查：认真检查传票本是否有漏页、缺页、破页、重页、空白、错写或数字不清晰等现象。

(2) 传票的墩齐:检查完毕后,双手将传票侧立在桌面上,将传票墩齐。

(3) 传票的开扇:用左手固定传票左侧,右手延传票边缘轻折 2~3 次使传票扇面呈 20~25 度角。

(4) 传票的固定:用夹子将传票左上角固定,以防止翻打传票时散乱。

【例题 3·多项选择题】 传票检查时,应检查传票本是否存在(　　)等现象。

A. 漏页　　　　　　　　　　B. 空白

C. 数字不清晰　　　　　　　D. 缺页

【答案】 ABCD

【解析】 在检查传票时,应认真检查传票本是否有漏页、缺页、破页、重页、空白、错写或数字不清晰等现象。

(三) 传票的找页

找页是传票计算的基本功之一,一般应做到翻 2~3 次传票就能找到所要找的页码,如果能根据手感一次就能找到每题传票的起始页则效果最佳。

(四) 传票的翻页

传票的翻页的方法如下。

(1) 用左手的小指、无名指、中指自然弯曲放在传票本的封面页的中部或中部稍左。

(2) 用左手拇指翻页,每当拇指翻起一页传票后,食指很快放进刚翻起的传票下面,将这页传票挡住。

(3) 左手翻页和右手录入计算要同时进行,左手每翻动一页,右手迅速将数字输入。

(五) 传票的记页

一般情况下,打第一页时默记 1,打第二页时默记 2,以此类推默记到 20,再核对该题的起止页码,如正确无误,写上答案。

练习翻打传票时,应根据要领,把每个动作相互配合好,使之协调一致。经过一段时间的练习,翻打传票的水平就会有明显的提高。

四、电子收款机的功能键(见表 3-2)

表 3-2　　　　　　　　　　电子收款机功能键

键　位	功　能
走纸	打印机走纸
出金	用于确认从钱箱中提取的现金

(续表)

键　位	功　能
入金	用于确认向钱箱中加入备用金
方式锁	用于选择收款机的操作方式,在使用该键时,要通过键盘中的数字键配合才能完成其功能
♯/非销售	在无交易状态下,打开钱箱;在交易中,作为号码确认键
收银员♯	收银员号确认键,用于收款员登录
单价	商品价格临时变动时,按该键即确认输入的价格为当前交易价格
金额折让	小计金额折扣确认键,按该键即确认前面键入的金额折扣值
取消	取消刚输入的商品项或部类项,该键为及时更正
更改	在交易结束前,取消交易过程中的任意一笔录入的商品项或部类项,该键为过时更正
交易取消	清除当前输入的全部交易,使交易重新开始
清除	清除当前输入的错误数字或取消错误操作引起的鸣叫,同时清屏
退货	按下该键,即确认紧跟着输入的交易项为退货
PLU♯	商品代码确认键,键入商品编码后按该键,即确认商品所属代码
部类♯	部类确认键,键入部类号后按该键,即确认该部类
部类1……部类8	指定直接部类1~8键
%、(+、-)	小计或单品折扣确认键,按该键即确认前面键入的折扣值;按小计键后再按该键为小计折扣,否则为单品折扣
1、2…9、0	数字键
00	双"0"键,等同于按两次"0"键
×(乘号键)	数量乘号键,当有同样的交易项要输入时,可以按此键乘以数量来简化输入
.	小数键,用于输入数量中的小数点
小计	按下该键,显示或同时打印本次销售中到目前为止的交易累计金额
信用卡	用于信用卡结算方式,按该键前可键入信用卡卡号
支票	用于支票结算方式,按该键前可键入支票号
现金	用于现金结算方式,按该键前可输入顾客付款金额

五、单元格的引用类型

为了满足用户的需要,Excel提供了三种不同的引用类型:相对引用、绝对引用及混合引用。

相对引用的类型如：A1，D3等，使用相对引用的公式被粘贴时，引用的单元格会发生相应的变动；绝对引用的类型如：＄A＄1，＄D＄3等，使用绝对引用的公式无论粘贴到哪个单元格，公式所引用的还是原来单元格的数据。

【例题4·单项选择题】 在Excel工作表的A1单元格中输入1，B1单元格中输入2，A2单元格中输入3，B2单元格中输入4，在C1单元格中输入公式"＝A1＋B1"，并将公式复制到C2单元格，则C2单元格的运行结果为(　　)。

A. 3　　　　　B. 7　　　　　C. 5　　　　　D. 6

【答案】 B

【解析】 C1单元格中的公式采用相对引用，将其复制到C2时，引用单元格会发生相应的变化，C2单元格的公式是"＝A2＋B2"，因此结果为7。

【例题5·单项选择题】 在Excel工作表的A1单元格中输入1，B1单元格中输入2，A2单元格中输入3，B2单元格中输入4，在C1单元格中输入公式"＝＄A＄1＋＄B＄1"，并将公式复制到C2单元格，则C2单元格的运行结果为(　　)。

A. 3　　　　　B. 7　　　　　C. 5　　　　　D. 6

【答案】 A

【解析】 C1单元格中的是公式采用绝对引用，将其复制到C2时，公式所引用的还是原来单元格的数据。C2单元格的公式仍是"＝＄A＄1＋＄B＄1"，因此结果仍为3。

【例题6·多项选择题】 以下属于单元格的引用类型的有(　　)。

A. 相对引用　　　　　　　　　　B. 绝对引用
C. 直接引用　　　　　　　　　　D. 混合引用

【答案】 ABD

【解析】 Excel中单元格的引用类型包括：相对引用、绝对引用及混合引用。

思考与练习

一、单项选择题

1. 电子计算器键盘上的【GT】键是(　　)。

A. 总和计算键　　　　　　　　　B. 清除错误键
C. 记忆加法键　　　　　　　　　D. 记忆总值键

2. 根据电子计算器的指法，数字"2""5""8"应由(　　)负责。

A. 大拇指　　　　　　　　　　　B. 食指
C. 中指　　　　　　　　　　　　D. 无名指

3. (　　)是指各种记有文字和数字的原始单据和凭证，因其在有关人员之间周转传递而得名。

A. 原始凭证　　　　　　　　B. 记账凭证

C. 传票　　　　　　　　　　D. 发票

4. 在翻打传票整理时,需要轻折传票,以使传票呈( )度角。

A. 10~15　　　　　　　　　B. 20~25

C. 30~35　　　　　　　　　D. 40~45

5. 在电子收款机使用时,需要在当前交易中对刚刚输入的商品项进行删除,可按( )键。

A.【清除】　　　　　　　　B.【退货】

C.【更改】　　　　　　　　D.【取消】

二、多项选择题

1. 电子计算器的主要部分由( )构成。

A. 显示屏　　　　　　　　　B. 功能键

C. 内存　　　　　　　　　　D. 运算器

2. 在计算机的数字小键盘上,无名指应负责的键位有( )。

A. 3　　　　B. 6　　　　C. /　　　　D. *

3. 电子收款机可以分为( )。

A. 第一类收款机　　　　　　B. 第二类收款机

C. 第三类收款机　　　　　　D. 第四类收款机

4. 下列属于电子收款机组成部分的有( )。

A. 条码阅读器　　　　　　　B. 钱箱

C. 显示屏　　　　　　　　　D. 存储器

5. 条码阅读器从外观可以分为( )。

A. 笔式条码阅读器　　　　　B. 手持式条码阅读器

C. 台式条码阅读器　　　　　D. 卡式条码阅读器

三、判断题

1. 一般来说,在计算器的键位"5"上有一个突出的圆点。在进行盲打计算时,应以此为中心,找到基本键位"4""5""6"键,并在录入数字时手指自然向其他键位延伸。

( )

2. 计算器上的【AC】键是清除键,按该键时会清除刚输入的数值,但不影响以前的计算。

( )

3. 根据计算器的基本指法,"1""4""7""0"键位一般由中指负责。（ ）

4. 翻打传票开扇时,应用左手固定传票左侧,右手延传票边缘轻折2～3次,使传票扇面呈30～35度角。（ ）

5. 电子收款机键盘上的【取消】键为及时更正键,如果需要对刚刚输入的商品项进行删除,可按此键。（ ）

四、技能训练

1. 基本指法练习

序号	一	二	三	四	五	六	七	八
1	354	671	652	974	378	183	465 645	915 248
2	960	732	502	485	960	294	546 456	763 276
3	192	361	739	213	103	706	654 564	481 672
4	920	703	164	506	425	539	162 635	108 429
5	561	928	801	638	691	801	526 241	517 062
6	736	652	419	290	257	426	342 514	403 916

2. 利用计算器计算下表中每列数字的合计数

序号	一	二	三	四	五
1	193 830.42	2 101 292.47	4 798.34	942 993.82	10 798 992.24
2	2 310 382.24	904 272.12	937 072.09	12 290 999.48	−8 297 489.03
3	2 319.08	2 148.22	3 304 979.92	9 824.29	9 248.97
4	3 766 709.81	1 967.33	8 672 752.77	3 677.86	−67 758.02
5	636 018.77	765 091.63	1 582.20	1 807 765.63	20 775 273.76
6	7 771.86	3 583.19	7 275 260.17	−758 706.61	−7 273 750.87
7	1 813 607.77	5 637 306.51	61 725.02	6 537 707.18	8 576.72
8	79 013.68	750 933.68	7 687 501.27	10 537.77	−767 707.83
9	2 937.81	115 925.91	784 299.79	9 093 498.98	2 937.84
10	6 107 248.33	7 048.21	29 790.48	−49 539.04	−999 453.02
11	3 527.94	457 189.50	3 439 209.89	−9 048 992.39	28 340.59
12	475 019.33	7 985 504.72	7 478.29	439.90	−789 592.99
13	9 704 583.71	10 241.89	899 947.73	−3 095 993.48	70 985.29
14	29 051.48	524 081.18	94 993.97	5 993 240.99	−489 052.73

（续）

序号	一	二	三	四	五
15	130 825.93	9 758.51	9 372 809.42	9 094.39	3 499 920.59
16	35 873.00	3 213 581.52	7 561 305.21	5 314 113.00	9 731 569.23
17	4 358 765.46	5 361.85	2 120.56	536 183.12	243 846.23
18	563 253.56	1 792 135.56	4 410 763.23	6 325.13	−9 864 358.91
19	246 345.24	413 541.51	716 372.56	−378 365.82	56 323.87
20	432 185.23	64 834.23	2 679 318.52	1 083 568.73	678 792.56
合计					

3. 计算下表中各行、各列数字的合计数

序号	一	二	三	四	合计
1	3 049 827.00	9 240.00	270 658.00	18 462 537.00	
2	8 523 409.00	20 713 598.00	9 143.00	−604 921.00	
3	7 830.00	69 825.00	3 581 609.00	3 609.00	
4	316 578.00	5 136 042.00	42 813.00	79 205 416.00	
5	21 678 325.00	804 795.00	6 064 378.00	41 267.00	
6	60 174.00	1 263 409.00	159 826.00	5 823.00	
7	20 941 563.00	7 863.00	32 590.00	981 537.00	
8	6 245.00	594 280.00	32 561 409.00	4 097 823.00	
9	80 791.00	13 127 458.00	3 127.00	820 395.00	
10	6 015 429.00	80 591.00	14 082 951.00	7 608.00	
11	67 891.00	6 437.00	9 713 098.00	253 041.00	
12	391 467.00	13 490 521.00	5 283.00	−84 356.00	
13	15 243 078.00	16 294.00	694 320.00	7 058 169.00	
14	4 235.00	6 285 317.00	41 578.00	93 206 548.00	
15	8 140.00	147 593.00	6 278 019.00	29 368 175.00	
16	2 039 168.00	30 401 679.00	607 593.00	45 201.00	
17	517 293.00	2 096.00	13 148 625.00	50 943.00	
18	12 368 271.00	5 034 821.00	18 943.00	6 170.00	
19	451 769.00	67 592.00	4 025.00	3 094 817.00	
20	70 415.00	836 715.00	48 690 452.00	7 936 281.00	
合计					

4. 计算器翻打传票 20 页规则题型练习

序号	起止页数	行次	答案	行次	答案
1	1～20	(二)		(三)	
2	21～40	(二)		(三)	
3	41～60	(二)		(三)	
4	61～80	(二)		(三)	
5	81～100	(二)		(三)	
6	1～20	(四)		(五)	
7	21～40	(四)		(五)	
8	41～60	(四)		(五)	
9	61～80	(四)		(五)	
10	81～100	(四)		(五)	

5. 计算器翻打传票 20 页无规则题型练习

序号	起止页数	行数	答案	序号	起止页数	行数	答案
1	75～94	(五)		11	41～60	(一)	
2	26～45	(一)		12	57～76	(二)	
3	50～69	(四)		13	23～42	(三)	
4	37～56	(三)		14	19～38	(四)	
5	69～88	(二)		15	15～34	(五)	
6	75～94	(三)		16	72～91	(二)	
7	25～44	(五)		17	43～62	(四)	
8	38～57	(二)		18	18～37	(三)	
9	26～45	(一)		19	79～98	(五)	
10	63～82	(四)		20	24～43	(一)	

序号	起止页数	行数	答案	序号	起止页数	行数	答案
1	27～46	(一)		7	45～64	(五)	
2	45～64	(三)		8	16～35	(二)	
3	16～35	(五)		9	39～58	(一)	
4	39～58	(二)		10	63～82	(三)	
5	73～92	(四)		11	19～38	(四)	
6	27～46	(三)		12	36～55	(五)	

(续)

序号	起止页数	行数	答案	序号	起止页数	行数	答案
13	25~44	(二)		17	36~55	(三)	
14	62~81	(一)		18	15~34	(五)	
15	80~99	(三)		19	62~81	(一)	
16	19~38	(四)		20	70~89	(二)	

序号	起止页数	行数	答案	序号	起止页数	行数	答案
1	33~52	(五)		11	29~48	(五)	
2	40~59	(一)		12	24~43	(二)	
3	49~68	(三)		13	19~38	(二)	
4	51~70	(四)		14	26~45	(四)	
5	53~72	(五)		15	12~31	(二)	
6	56~75	(二)		16	73~92	(四)	
7	59~78	(一)		17	41~60	(五)	
8	60~79	(三)		18	35~54	(一)	
9	6~25	(一)		19	28~47	(三)	
10	71~90	(三)		20	30~49	(二)	

序号	起止页数	行数	答案	序号	起止页数	行数	答案
1	8~27	(一)		11	58~77	(五)	
2	76~95	(四)		12	7~26	(四)	
3	65~84	(五)		13	16~35	(一)	
4	25~44	(二)		14	36~55	(二)	
5	47~66	(三)		15	63~82	(五)	
6	28~47	(四)		16	35~54	(一)	
7	75~94	(一)		17	2~21	(三)	
8	5~24	(三)		18	52~71	(四)	
9	13~32	(二)		19	15~34	(三)	
10	41~60	(四)		20	4~23	(二)	

序号	起止页数	行数	答案	序号	起止页数	行数	答案
1	58～77	（五）		11	23～42	（三）	
2	12～31	（四）		12	51～70	（一）	
3	44～63	（二）		13	75～94	（五）	
4	31～50	（五）		14	19～38	（一）	
5	65～84	（三）		15	20～39	（四）	
6	22～41	（一）		16	33～52	（二）	
7	1～20	（三）		17	16～35	（五）	
8	17～36	（五）		18	54～73	（三）	
9	8～27	（四）		19	43～62	（一）	
10	66～85	（二）		20	38～57	（四）	

6. Excel 计算功能的练习

根据给出的某班学生的成绩单，利用 Excel 计算功能，完成以下操作。

	A	B	C	D	E	F	G	H
1	所占比例	30%	20%	15%	15%	20%		
2								
3				学生成绩单				
4	学号	语文	数学	物理	化学	英语	合计	加权平均分
5	201501	78	88	65	86	59		
6	201502	87	85	45	68	95		
7	201503	89	84	87	68	25		
8	201504	67	59	59	75	75		
9	201505	66	88	65	86	59		
10	201506	87	85	45	68	95		
11	201507	65	84	86	68	88		
12	201508	55	59	57	75	75		
13	201509	87	85	90	68	95		
14	201510	89	84	86	68	90		
15	201511	78	89	65	58	70		
16	201512	74	85	45	68	95		
17	201513	82	84	87	68	25		
18	201514	67	59	59	75	75		
19	201515	78	79	65	79	59		
20	201516	87	85	45	68	95		
21	201517	82	84	74	75	88		
22	201518	55	89	87	78	75		
23	201519	87	73	68	70	95		
24	201520	73	84	86	68	88		
25	各科总分							
26	各科平均分							
27	各科最高分							
28	各科最低分							

(1) 计算每位学生成绩的合计数。

(2) 计算每位学生成绩的加权平均分。

(3) 计算每个科目的总分。

(4) 计算每个科目的平均分。

(5) 计算每个科目的最高分。

(6) 计算每个科目的最低分。

五、案例分析题

张华是一家超市的收银员,一位顾客购买了单价为 2.80 元的啤酒 4 瓶并拿出 50 元钱到收银台进行结账,张华应如何进行收款操作呢?

第四章　现钞与电子货币的应用技能

本章基本内容框架

- 点钞与验钞概述
  - 点钞的基本知识
  - 验钞的基本知识
- 手工点钞技能
  - 手持式点钞方法
  - 手按式点钞方法
  - 钞票的捆扎技术
- 机器点钞技能
  - 点钞机的一般常识
  - 点钞机的使用方法
- 验钞技能
  - 第五套人民币100元纸币的防伪特征
  - 识别真假人民币的基本技巧
- 电子货币
  - 电子货币的含义
  - 电子货币的特点
  - 电子货币的交易流程
  - 电子货币的种类

重点、难点讲解及典型例题

一、点钞方法的分类（见图4-1）

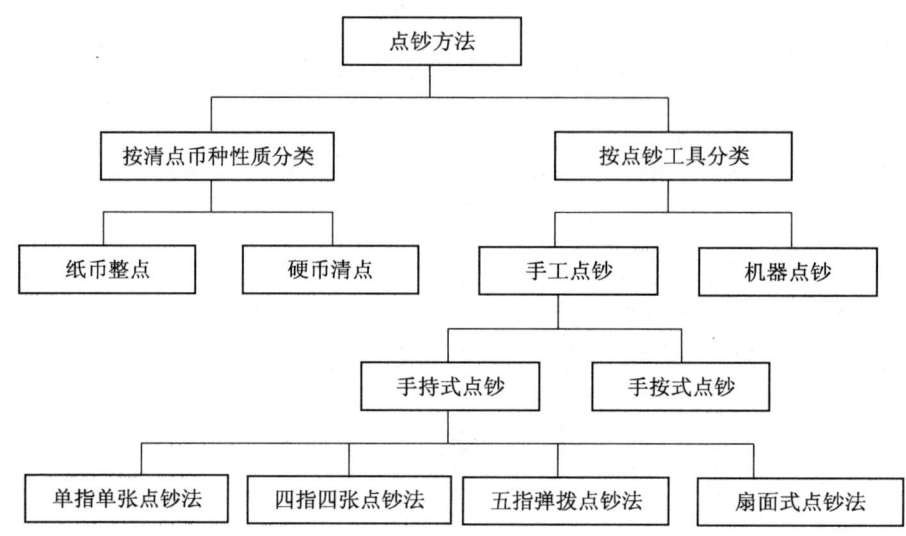

图4-1 点钞方法的分类

【例题1·多项选择题】 以下属于手工点钞方法的有（　　）。

A. 单指单张点钞法　　　　　　B. 五指弹拨点钞法

C. 扇面式点钞法　　　　　　　D. 手按式点钞法

【答案】 ABCD

【解析】 手工点钞依据指法不同可分为手持式点钞方法和手按式点钞方法。手持式点钞方法根据指法不同又可分为单指单张点钞方法、四指四张点钞方法、五指拨动点钞方法和扇面式点钞方法。

二、点钞的基本程序

点钞的基本程序主要包括8个环节：起钞→拆把→持钞→点数→记数→扎把→盖章→整理。其中特别需要注意以下3点。

(1) 起钞：由左手单手拿起一把待点的钞票做拆把准备。

(2) 点数：手工点钞要求手中点钞、脑中记数；机器点钞要求机器清点、眼睛挑残。

(3) 盖章：在扎好的钞票的腰条上加盖经办人员名章，以明确责任。

【例题 2·判断题】 在扎好的捆钱条上加盖经办人名章,主要目的是明确责任。

( )

【答案】 对

【解析】 加盖公章的目的是在发现钱币清点不准确或者有假币未挑出时,找到经手人,以处理单位发生的损失,做到责任到人。

【例题 3·判断题】 点钞技术的关键是一个"快"字,准不准都可以。 ( )

【答案】 错

【解析】 清点准确是点钞最重要的环节,只快不准并不符合点钞的基本要求。

三、手工点钞方法优缺点(见表 4-1)

表 4-1　　　　　　　　手工点钞方法优缺点对比表

手工点钞方法	定义	优点	缺点	适用范围
1. 手持式单指单张点钞法	在清点钞票时左手持钞、右手拇指一次捻动一张钞票,逐张清点的方法	持票面小,能看到票面的3/4,容易发现假钞票及残破票	点一张记一个数,劳动强度较大,比较费时费力	使用范围较广,频率较高,适用于收款、付款和整点各种新、旧、大、小钞票
2. 四指四张点钞法	点钞时用小指、无名指、中指、食指依次捻下一张钞票,一次清点四张钞票的方法	省力、省脑,而且效率高,能够逐张识别假钞票和挑剔残破钞票	对票券有较高要求,一般较新的大票更能展示其方法的优势	适用于收款、付款和整点、复点工作
3. 扇面式点钞法	把钞票捻成扇面状进行清点的方法	速度快,是手工点钞中效率最高的一种	清点时往往只看票边,票面可视面极小,不便挑剔残破票券和鉴别假票	不适用整点新、旧、破混合的钞券,只适合清点新票币
4. 手按式点钞法	将钞券按放在桌面上进行清点的点钞方法	逐张清点,看到的票面较大,便于挑剔损伤券,特别适宜于清点散把钞票和辅币及残破券多的钞券	由于无法弹拨,不能做到手指间的分工合作,速度不快	适用于收、付款和整点各种新、旧大小钞券

【例题 4·单项选择题】 以下点钞方法中,( )不便挑选残破票券和鉴别假币。

A. 单指单张点钞法　　　　　　　　B. 四指四张点钞法

C. 扇面式点钞法　　　　　　　　　D. 手按式点钞法

【答案】 C

【解析】 单指单张点钞方法、四指四张点钞方法和手按式点钞方法清点时都能看到票面的较大面积,能够逐张识别假钞票和挑剔残破钞票。

四、手持式单指单张清点时的注意事项

(1) 右手拇指不能抬离票面,每一张捻动的位置应该相同,拇指接触票面的面积越小,速度越快。

(2) 点钞时,票币的左下角要求在同一点上,左手的中指、无名指紧扣票币,以防票币随着捻动而散把。

(3) 持钞时,左手拇指轻按票面左边缘,避免与食指一起用力捏拿钞票,推出的小扇面每张距离应均匀。

(4) 点钞时,需要手、眼、脑的高度配合,精力要集中。

【例题5·单项选择题】 用手持式单指单张点钞法清点票币时,应用( )接触钞面边缘向怀内方向弹拨,以使钞票逐张脱离未点部分。

A. 左手食指　　　　　　　　B. 右手食指
C. 左手无名指　　　　　　　D. 右手无名指

【答案】 D

【解析】 单指单张点钞方法捻钞时,每捻开一张,右手无名指在被捻出的钞券背面轻轻弹拨一次,以加快点钞速度,提高点钞效率。

五、手持式四指四张清点时的注意事项

(1) 清点时只转动手指,不能转动手腕,因手腕转动幅度大、动作慢,也容易疲劳。

(2) 刚开始练习时,尽量加大钞票之间的距离,以提高正确率,随着动作熟练程度的增加,动作可以慢慢变小、变轻柔。

(3) 右手指旋转时幅度要大,被捻动的钞票方可旋转滑落,避免存于手心中或发生折叠现象。

【例题6·判断题】 用手持式四指四张点钞法清点票币时,依次使用右手无名指、中指、食指、拇指四指捻动钞票。

【答案】 错

【解析】 用手持式四指四张点钞法清点票币时,右手握住钞票的右端,右手将钞票弯曲成弧形,右手拇指往弧形上靠,小指、无名指、中指、食指在钞票的右下端轻轻捻动、放开,一次4张,100张共需点25次。

六、扇面式清点钞票时的注意事项

(1) 开扇要快、要均匀,避免重叠。

(2)捻点钞票时,右手大拇指与食指交替按压扇形右上角,每指 5 张或 10 张。刚开始练习时,每次按压的张数以 5 张为宜,随熟练程度的增加可逐渐增加至 10 张。

(3)清点时,采用分组记数法。

【例题 7·单项选择题】 扇面式点钞的难点是( )。

A. 开扇 B. 清点

C. 记数 D. 持钞

【答案】 A

【解析】 扇面式点钞的关键点和难点就是开扇,如果开扇开得不好,钞票之间出现重叠,会影响清点的准确性。

七、钞票捆扎的注意事项(钞票捆扎的方法,见图 4-2)

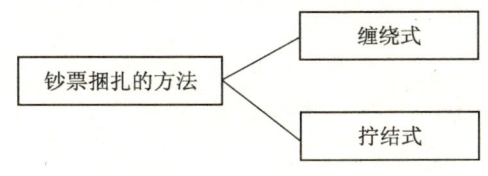

图 4-2 钞票捆扎的方法

(1)因捆扎方法、票券的大小不同,所需捆钞条的长度不同,应在清点捆扎前剪裁适当。

(2)捆扎完毕后应在扎把条正面中央处记录清点张数,且在上端加盖点钞员名章,以明确责任。

(3)用缠绕式捆扎时,左手食指移到钞票上侧边缘将钞票分成一条缝,右手拇指、食指提扎把条,将扎把条的一头插入钞票中间(离一端 1/3~1/4 处),右手食指和中指并拢拉住扎把条,以手指为中心,由里向外缠绕两圈,至正面顶端时,右手拇指在扎把条前,食指在扎把条后,将扎把条向右折叠 90 度,然后用食指将扎把条尾端塞入圈内,捆扎应松紧适度、平而整齐,且以提起时抽不出票张为合格标准。

【例题 8·单项选择题】 人民币一般以( )张为一把。

A. 200 B. 100

C. 1 000 D. 50

【答案】 B

【解析】 点钞完毕后需要对所点钞票进行扎把,通常是 100 张捆扎成一把。不足 100 张的,应在扎把条的中央写上实际张数并盖章,以明确责任。

八、机器点钞的注意事项

机器点钞连续操作,归纳起来要做到"五个二"。

(1) 二看:看清跑道票面,看准计数。

(2) 二清:券别、把数分清,接钞台取清。

(3) 二防:防留张,防机器吃钞。

(4) 二复:发现钞券有裂缝和夹带纸片要复查,计数不准时要复查。

(5) 二经常:经常检查机器底部,经常保养、维修点钞机。

【例题9·单项选择题】 假币的识别工作,以柜员(   ),发现的假币要依法予以收缴,并坚持双人办理假币收缴,收缴动作不离开客户视线。

A. 机器识别为主,手工识别为辅

B. 手工识别为主,机器识别为辅

C. 柜员识别为主,会计主管识别为辅

D. 自身识别为主,中国人民银行鉴定为辅

【答案】 B

【解析】 使用机器点钞可以将出纳员从繁忙的劳动中解脱出来,既节省劳动力,又节省工作时间,点钞效率也比手工点钞提高不少,但是后来不断出现出纳员因使用机器点钞发生差错的现象,所以就要求出纳员还是以手工识别为主、机器识别为辅,以保证点钞的准确性。而且,现在假人民币的制造手法越来越先进,很多点钞机无法识别,所以需要手工配合识别挑选假钞。

九、人民币的基本常识

第五套人民币纸币的票面特征如表 4-2 所示。

表 4-2　　　　　　　　第五套人民币纸币的票面特征

卷别	图案		
	正面	背面	水印
100 元纸币	毛泽东头像	人民大会堂	毛泽东头像
50 元纸币	毛泽东头像	布达拉宫	毛泽东头像
20 元纸币	毛泽东头像	桂林山水	荷花
10 元纸币	毛泽东头像	长江三峡	月季
5 元纸币	毛泽东头像	泰山	水仙
1 元纸币	毛泽东头像	西湖	兰花

【例题10·单项选择题】 第五套人民币中( )元是水仙花的水印。

A. 100
B. 5
C. 20
D. 10

【答案】 B

【解析】 100元纸币的水印为毛泽东头像的固定水印,20元纸币的水印为荷花,10元纸币的水印为月季。

十、识别假币的基本常识(见图4-3)

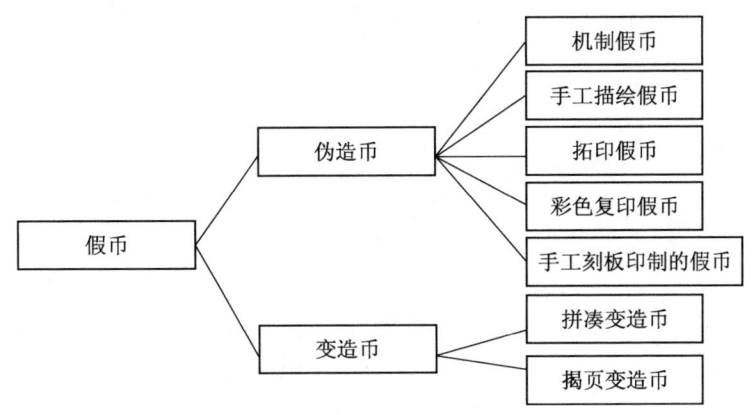

图4-3 识别假币的基本常识

【例题11·多项选择题】 伪造的货币是指仿照真币的( )等,采用各种手段制作的假币。

A. 图案
B. 形状
C. 结构
D. 色彩

【答案】 ABCD

【解析】 伪造币是仿照人民币图案、形状、色彩等,采用各种手段制作的假人民币。

【例题12·多项选择题】 变造的货币是指在真币的基础上,利用( )等多种方法制作,改变真币原形态的假币。

A. 挖补
B. 揭层
C. 重印
D. 涂改

【答案】 ABCD

【解析】 变造币是指在真币的基础上,采用挖补、揭层、涂改、拼凑、移位、重印等多种方法制作,改变真币原形态的假币。

十一、第五套人民币 100 元纸币的防伪特征

(1) 光变油墨。

(2) 冠字号。

(3) 水印。

(4) 胶印缩微文字。

(5) 安全线。

(6) 感光记号。

(7) 雕刻凹版印刷。

(8) 阴阳互补对印图案。

(9) 隐形 100 字样。

【例题 13·单项选择题】 观察第五套人民币 1999 年版 100 元纸币上的隐形面额数字防伪特征,正确的方法是( )。

A. 将票面置于紫外光照射下

B. 将票面面对光源作平行旋转 45 度或 90 度角

C. 将票面置于与视线接近平行的位置,面对光源作平行旋转 45 度或 90 度角

D. 将票面置于与视线接近平行的位置

【答案】 C

【解析】 隐形 100 字样,位于票面正面左下角,与视线接近平行的位置,迎光透视,平行旋转 45 度或 90 度角,即可看到隐形面额数字 100 的字样。

十二、电子货币的含义和种类

电子货币是以电子计算机、现代通信为基础,以各种交易卡为载体,通过电子信息转账系统贮存和转移的货币。电子货币包括储值卡、信用卡、电子支票、电子现金、电子钱包等。

【例题 14·单项选择题】 ( )是一种表示现金的加密序列数,可以用来表示现实中各种金额的币值。

A. 电子支票 B. 现金

C. 电子现金 D. 电子货币

【答案】 C

【解析】 电子现金是一种表示现金的加密序列数,它可以用来表示现实中各种金额的币值。随着基于纸张的经济向数字经济的转变,电子现金将成为主流。

思考与练习

一、单项选择题

1. 点钞过程的最后一个环节是(　　)。
   A. 扎把　　　　　　　　　　B. 盖章
   C. 墩齐　　　　　　　　　　D. 记数

2. 人民币是指由(　　)发行的货币,包括(　　)。
   A. 中国人民银行,纸币和硬币
   B. 财政部,纪念币和硬币
   C. 国务院,纸币和纪念币
   D. 中国人民银行,纸币和纪念币

3. (　　)是采用将真钞正面或反面揭开,剪割拼凑,涂改面额等手段制造的钞票。
   A. 机制假钞　　　　　　　　B. 变造假钞
   C. 伪造假钞　　　　　　　　D. 仿造假钞

4. 第五套人民币100元纸币的光变面额数字的颜色变化是由(　　)。
   A. 绿变金　　　　　　　　　B. 金变绿
   C. 蓝变黄　　　　　　　　　D. 绿变蓝

5. 在实际工作中应用最广泛的点钞方法是(　　)。
   A. 手持式单指单张点钞方法　B. 手按式单指单张点钞方法
   C. 扇面式点钞　　　　　　　D. 手持式多指多张点钞方法

二、多项选择题

1. 制作变造假钞的方法有(　　)。
   A. 挖补　　　　　　　　　　B. 拼凑
   C. 揭层　　　　　　　　　　D. 涂改

2. 100元真币的手工雕刻头像(　　)。
   A. 形象逼真　　　　　　　　B. 线条清晰
   C. 线条模糊　　　　　　　　D. 凹凸感强

3. 常见的扎把方法有(　　)。
   A. 缠绕式扎把法　　　　　　B. 中间夹条法
   C. 双端拧结法　　　　　　　D. 扭结法

4. 票币整理的要求有(　　)。

A. 按券别分类　　　　　　　　B. 挑剔损伤券

C. 票币墩齐　　　　　　　　　D. 票币清点

5. 假钞的种类有（　　）。

A. 机制假钞　　　　　　　　　B. 变造假钞

C. 伪造假钞　　　　　　　　　D. 仿造假钞

三、判断题

1. 单位持有伪造、变造的人民币,应当及时上交中国人民银行、公安机关或办理人民币存取款业务的金融机构,而个人持有时可以悄悄花掉。（　　）

2. 对兑换的残缺、污损人民币硬币,金融机构应当面使用专用袋密封保管,并在袋外封签上加盖"兑换"戳记。（　　）

3. 手持式单指单张点钞法要求左手的中指和食指夹住钞票。（　　）

4. 手持式五指五张点钞方法要求左手食指顶住钞票。（　　）

5. 在实际工作中应用最广泛的点钞方法是手持式单指单张点钞。（　　）

四、技能训练

1. 点钞基本功训练

（1）练手。

要求：手指活动要灵活,接触的感觉要灵敏,动作的幅度要小,捻钞不重张,以提高捻钞速度。

（2）练眼力。

要求：眼睛与手相互配合,在手指迅速捻动票币的过程中,能辨别张数、钞票真假。

（3）练记数。

要求：大脑与手、眼协作,时刻掌握清点的张数。

2. 点钞手法测试

重点考查手持式单指单张点钞方法、四指四张点钞方法、五指拨动点钞方法、扇面式点钞方法和手按式点钞方法的规范性。

要求：点钞姿势和动作要正确,点钞结果必须准确,捆扎结实、符合要求,准确计时。

3. 百张抽张点钞测试

准备100～102张钞票1把,抽取3～5张后,测试点钞的准确性。

4. 小组训练

以小组为单位课下准备10元、20元、50元、100元面值的人民币各一张,由小组内每个成员分别指出各种面值人民币的防伪特征,并讨论在日常生活和工作中如何有效地辨别真假人民币。

五、案例分析题

1. 小李大学毕业后,于2014年7月3日到某银行求职,并顺利被录用为储蓄柜员。7月4日,小李才上班就为张先生办理存款业务,对假币略有所知的小李发现其中有一张100元纸币疑似假币,她将假币交给储蓄主管,储蓄主管将这100元纸币拿到二楼办公室,和同事们一起仔细辨别后,确认是假币,于是在假币上盖上假币章,并开具了假币没收凭证,回到柜台将凭证交给张先生,张先生悻悻离去。

请指出上述案例中的操作是否违反假币收缴程序,为什么?

2. 小刘是中等职业学校的一名毕业生,毕业后在青岛某超市上班。每天要接触大量人民币,由于粗心和业务不熟练,多次找错钱,有一次还收了一张100元假币,月末发放工资时工资被扣了总额的一半。

小刘作为超市的收银员,应该具备哪些技能才能胜任此项工作?

3. 支付宝(中国)网络技术有限公司是国内领先的独立第三方支付平台,由阿里巴巴集团创办。支付宝(www.alipay.com)致力于为中国电子商务提供简单、安全、快速的在线支付解决方案。其运作的实质是以"支付宝"为信用中介,在买家确认收到商品前,由"支付宝"替买卖双方暂时保管货款,这种服务在虚拟的网络环境和信用缺失的情况下,保证了网上交易与支付的安全性和可靠性。支付宝适应我国目前的经济、金融、信用体系等宏观环境,也符合国人的消费习惯,支付宝的用户覆盖了整个C2C、B2C以及B2B领域。支付宝注册用户已占国内网民的相当一部分。

请根据以上提供的背景资料回答下列问题:

(1) 第三方支付的流程是什么?

(2) 结合支付宝的成功,分析第三方支付的优势。

第五章　常见原始凭证的认知与填制

 本章基本内容框架

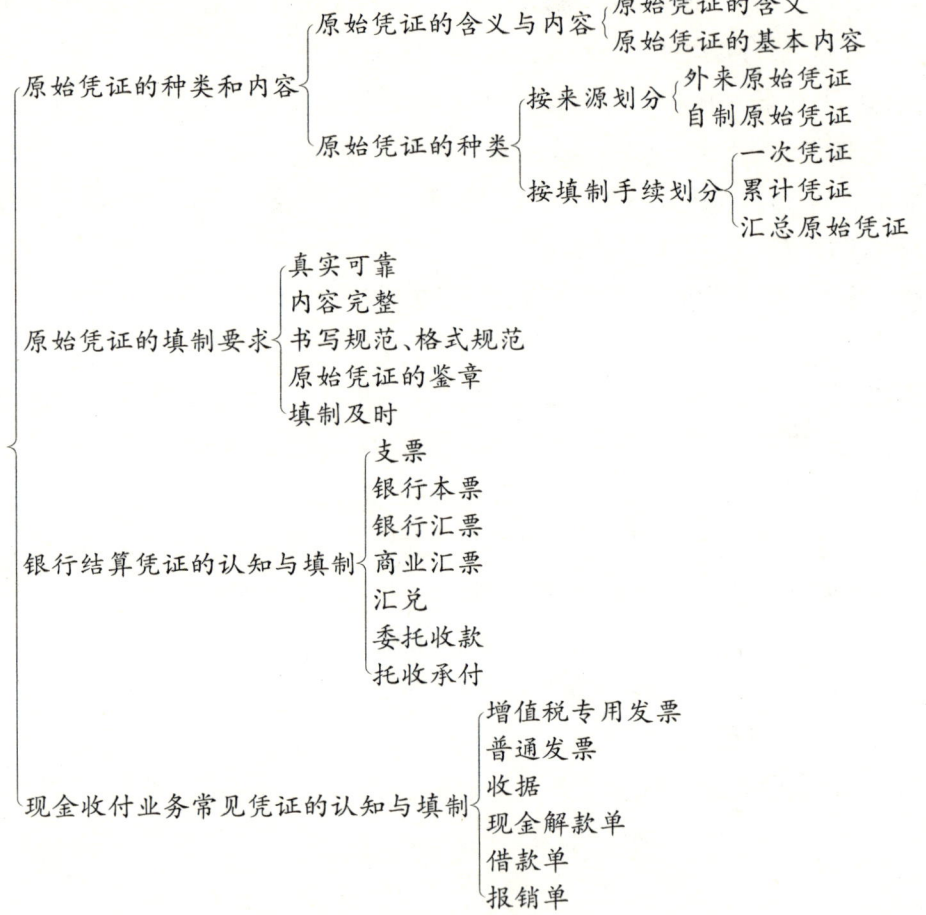

重点、难点讲解及典型例题

一、原始凭证的含义

原始凭证是企业在经济业务发生时取得或填制，载明经济业务具体内容和完成情况的书面证明。它是进行会计核算的原始资料和主要依据。

二、原始凭证的基本内容

(1) 原始凭证的名称。
(2) 填制凭证的日期及编号。
(3) 接受凭证的单位名称。
(4) 经济业务的数量和金额。
(5) 填制凭证单位的名称和有关人员的签章。
(6) 其他补充内容等。

【例题1·多项选择题】 下列各项中,属于原始凭证必须具备的内容的有(　　)。
A. 记账符号
B. 经办人员的签名或盖章
C. 经济业务的数量和金额
D. 接受凭证的单位名称

【答案】 BCD

【解析】 记账符号不属于原始凭证必须具备的基本内容。

三、原始凭证的种类(见图5-1)

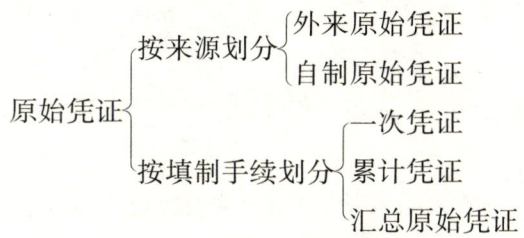

图5-1　原始凭证的分类

【例题2·单项选择题】 下列属于累计凭证的是(　　)。
A. 限额领料单
B. 领料单
C. 工资汇总表
D. 收入材料汇总表

【答案】 A

【解析】 选项B属于一次凭证,选项C和D属于汇总凭证,选项A属于累计凭证。

四、原始凭证的填制要求

1. 真实可靠

原始凭证中应填写的项目和内容必须真实、正确地反映经济业务。

2. 内容完整

原始凭证中规定的项目都必须填写齐全,不能缺漏。文字说明和数字要填写清楚、整齐和规范,凭证填写的手续必须完备。

3. 书写清楚,格式规范

原始凭证要用蓝黑色或黑色笔书写,字迹清楚、规范。填写支票必须使用碳素笔,属于需要套写的凭证,必须一次套写清楚。

4. 原始凭证的签章

原始凭证在填制完成后,经办人员和有关责任人员都要认真审核并签章,对凭证的真实性、合法性负责。

5. 填制及时

原始凭证应在经济业务发生或完成时及时填制,并按规定的程序和手续传递至有关业务部门和会计部门,以便及时办理后续业务,并进行审核和记账。

【例题3·多项选择题】 下列各项中,对原始凭证的处理正确的有( )。

A. 对于审核无误的原始凭证,应当及时编制记账凭证入账

B. 对于不真实、不合法的原始凭证,会计机构和会计人员有权不予接受,但不一定要向单位负责人报告

C. 对于真实、合法、合理,但内容不够完整、填写有错误的原始凭证,应退回给有关经办人员

D. 对于不真实、不合法的原始凭证,会计机构和会计人员有权不予接受,并向单位负责人报告

【答案】 ACD

【解析】 选项B,对于不真实、不合法的原始凭证,会计机构和会计人员有权不予接受,并向单位负责人报告。

五、银行结算与银行结算方式

银行结算业务即转账结算业务,简称结算,是指通过银行账户的资金转移实现收付的行为,即:银行接受客户委托代收代付,从付款单位存款账户划出款项,转入收款单位存款账户,以此完成经济体之间债权债务的清算或资金的调拨。银行结算的主要方式如图5-2、表5-1所示。

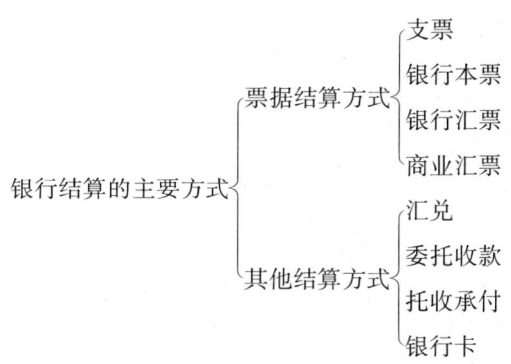

图 5-2 银行结算的主要方式

表 5-1　　　　　　　　银行结算的主要方式汇总表

结算方式	分类	使用规定	结算期限
支票	现金支票 转账支票 普通支票	禁止签发空头支票；若银行退票，按票面金额处以5%但不低于1 000元罚款，持票人有权要求出票人按票面金额的2%赔偿	提示付款期自出票日起10天
银行本票	不定额本票 定额本票	可用于转账，也可用于支取现金；申请人或收款人为单位的，不得申请签发现金银行本票	提示付款期自出票日起最长不得超过2个月
银行汇票	—	可用于转账，也可用于支取现金；申请人或收款人为单位的，不得使用现金银行汇票	提示付款期自出票日起1个月
商业汇票	商业承兑汇票 银行承兑汇票	只有根据购销合同进行合法的商品交易，才能签发商业汇票；商业汇票一律记名并允许背书转让；商业汇票既可以由付款人签发，也可以由收款人签发，但都必须经过承兑	付款期限最长不得超过6个月；提示付款期自汇票到期日起10天
汇兑	信汇 电汇	汇款人可"申请撤销"；可以办理"退汇"	—
委托收款	邮寄 电报	单位和个人凭已承兑商业汇票、债券、存单等付款人债务证明办理结算；不得部分拒付	—
托收承付	邮寄 电报	收款人办理托收，必须具有商品确已发运的证件及其他有效证件；付款人开户银行对付款人逾期支付的款项，按每天5‰计算赔偿金	验单付款3天；验货付款10天

【例题4·单项选择题】 只能用于支取现金,不能用于转账的支票是( )。

A. 现金支票　　　　　　　　B. 转账支票

C. 普通支票　　　　　　　　D. 划线支票

【答案】 A

【解析】 现金支票只能用于支取现金;转账支票只能用于转账;普通支票可以用于支取现金,也可以用于转账。

【例题5·多项选择题】 下列银行结算方式中,可以用于异地结算的有( )。

A. 支票　　　　　　　　　　B. 银行本票

C. 托收承付　　　　　　　　D. 委托收款

【答案】 ACD

【解析】 银行本票仅限于单位和个人在同一票据交换区域需要支付各种款项时使用。

六、现金收付业务常见凭证的认知与填制

1. 增值税专用发票的开具要求

(1) 增值税专用发票填开要求字迹清楚。

(2) 增值税专用发票不得涂改。如填写错误,应另行开具增值税专用发票,并在误填的增值税专用发票上注明"误填作废"四字。如增值税专用发票开具后因购货方不索取而成为废票的,也应按填写有误办理。

(3) 增值税专用发票项目填写齐全。

(4) 票、物相符,票面金额与实际收取的金额相符。

(5) 增值税专用发票各项目内容正确无误。

(6) 全部联次一次性填开,各联的内容和金额一致。

(7) 增值税专用发票的发票联和抵扣联加盖发票专用章。

(8) 填开增值税专用发票的单位和个人必须在发生经营业务确认营业收入时开具增值税专用发票。未发生经营业务一律不准开具增值税专用发票。

(9) 不得开具伪造的增值税专用发票。

(10) 不得开具票样与国家税务总局统一制定的票样不相符合的增值税专用发票。开具的增值税专用发票有不符合上列要求者,不得作为扣税凭证,购买方有权拒收。

【例题6·多项选择题】 下列关于增值税专用发票的说法,正确的有( )。

A. 增值税专用发票填开要求字迹清楚

B. 增值税专用发票的联次可以分次填开

C. 填开增值税专用发票的单位和个人必须在发生经营业务确认营业收入时开具发票

D. 发票票面金额与实际收取的金额必须相符

【答案】 ACD

【解析】 增值税专用发票的全部联次必须一次性填开,并且各联的内容和金额必须一致。

2. 增值税普通发票的开具要求

(1) 在销售商品、提供服务以及从事其他经营活动对外收取款项时,应向付款方开具发票。特殊情况下,由付款方向收款方开具发票。

(2) 开具发票应当按照规定的时限、顺序、栏次、全部联次一次性如实开具,并加盖单位发票专用章。

(3) 使用计算机开具发票,须经税务机关批准,并使用税务机关统一监制的机外发票,并要求开具后的存根联按顺序号装订成册。

(4) 发票限于领购的单位和个人在本市、县范围内使用,跨出市县范围的,应当使用经营地的发票。

(5) 开具发票单位和个人的税务登记内容发生变化时,应相应办理发票和发票领购簿的变更手续;注销税务登记前,应当缴销发票领购簿和发票。

(6) 所有单位和从事生产、经营的个人,在购买商品、接受服务,以及从事其他经营活动支付款项时,向收款方取得发票,不得要求变更品名和金额。

(7) 对不符合规定的发票,不得作为报销凭证,任何单位和个人有权拒收。

(8) 发票应在有效期内使用,过期应当作废。

3. 收据的认知与填制

(1) 收据的含义。收据是由收款单位填制的作为单位内部使用的非正式票据。

现金收入均需开具收款收据,经出纳人员鉴定现钞的真伪后,在现金收入凭证上加盖"现金收讫"并签章,其中一联交与交款人,以明确经济责任。

(2) 收据的联次说明。收据的基本联次一般为一式三联。

第一联为存根联,由开具单位留存。

第二联为收据联,交付款人作为付款的凭证。

第三联为记账联,交财会部门据以记账。

【例题 7·单项选择题】 出纳人员根据收款凭证收款或付款凭证付款后,为避免重收重付时,应( )。

A. 在凭证上加盖"收讫"或"付讫"戳记

B. 由收款人员或付款人员在备查簿上签名

C. 由出纳人员在备查簿登记

D. 由出纳人员在凭证上划线注销

【答案】 A

【解析】 出纳人员根据收款凭证收款或付款凭证付款后,为避免重收重付时,应在凭证上加盖"收讫"或"付讫"戳记,以明确经济责任。

4. 现金解款单的认知与填制

1) 现金解款单的含义

现金解款单是开户单位将现金送存银行时填写的原始凭证。

各单位必须按开户银行核定的库存现金限额保管、使用现金,收取的现金以及超出库存限额的现金,应及时送存银行。现金送存时先由出纳人员清点票币,款项清点整齐核对无误后,由出纳人员填写现金解款单存入银行。

2) 现金解款单的联次说明

现金解款单为一式三联或一式二联。

第一联为回单联,由银行盖章后退回存款单位。

第二联为收入凭证,由收款人开户银行作为银行收入凭证。

第三联为附联,作为附件,是银行出纳留底联。

5. 借款单的认知与填制

1) 借款单的含义

借款单是企业各部门或职工个人从单位预借款项的一种自制原始凭证。

借款单属于单位内部自制原始凭证,是借款人借款的凭证。借用公款时,由借款人填写借款单(注明借款金额、日期、用途等),由经办部门负责人、法人签字批准,方可办理借款手续,领取现金。如借款金额较大时,应附相关的明细支出项目及金额的预算申请书。

2) 借款单的业务流程

(1) 用款部门或个人根据业务需要,经过领导批准填制借款单,有关领导审核批准后送交财会部门办理借款手续。

(2) 财会部门审核无误后予以支付现金。

(3) 借款人归还借款时,财会部门将回执退给借款人。

6. 报销单的认知与填制

报销单是单位职工因公出差或办理其他公务后,返回单位报销费用的一种自制原始凭证。如费用报销单、差旅费报销单等。

费用报销单必须用蓝黑色、黑色钢笔或签字笔填制,不可使用圆珠笔或铅笔填写。填写报销单时要求字迹工整、清晰,金额不得涂改,凡需填写大小写金额的单据,大小写金额必须相符,相关内容必须填写完整。

【例题8·多项选择题】 下列凭证可以作为现金收付款原始凭证的有(   )。

A. 现金支票存根

B. 财务部门开具的小额销货发票记账联

C. 银行缴款单回执联

D. 未经批准的职工临时暂借款单

【答案】 ABC

【解析】 只有经过相关部门审核批准的职工借款单,才能作为现金的付款原始凭证。

思考与练习

一、单项选择题

1. 根据许多同类经济业务的原始凭证定期加以汇总而重新编制的凭证是( )。

A. 一次凭证　　　　　　　　　　B. 累计凭证

C. 汇总凭证　　　　　　　　　　D. 通用凭证

2. 支票的提示付款期限为自出票日起( )。

A. 7 日　　　　　　　　　　　　B. 10 日

C. 1 个月　　　　　　　　　　　D. 3 个月

3. 某公司出纳人员孙某于 2020 年 2 月 10 日签发了一张转账支票,转账日期填写正确的是( )。

A. 贰零贰零年贰月拾日

B. 贰零贰零年零贰月零壹拾日

C. 贰零贰零年零贰月壹拾日

D. 贰零贰零年贰月壹拾日

4. 托收承付是指根据( )由收款人发货后委托银行向异地付款人收取款项,由付款人向银行承认付款的结算方式。

A. 买卖合同　　　　　　　　　　B. 供需合同

C. 购销合同　　　　　　　　　　D. 委托合同

5. 开具发票应当按照规定的时限、顺序、栏目,全部联次一次性如实开具,并加盖( )。

A. 发票专用章　　　　　　　　　B. 财务专用章

C. 发票专用章或财务专用章　　　D. 单位公章

二、多项选择题

1. 各种原始凭证必须具备的基本内容包括( )。

A. 凭证名称、填制日期　　　　　B. 接受原始凭证的单位名称

C. 经济业务内容　　　　　　　　D. 填制单位签章

2. 原始凭证的填制,除了记录真实、内容完整、手续完备等基本要求外,还要求做到( )。

    A. 书写清楚规范   B. 填制及时

    C. 编号连续   D. 不得涂改、刮擦、挖补

3. 下列原始凭证中,属于自制原始凭证的有( )。

    A. 发料单   B. 出库单

    C. 实存账存对比表   D. 飞机票

4. 可以用于同城结算的票据有( )。

    A. 支票   B. 商业汇票

    C. 银行汇票   D. 银行本票

5. 商业汇票包括下列两种票据( )。

    A. 银行本票   B. 银行汇票

    C. 商业承兑汇票   D. 银行承兑汇票

三、判断题

1. 支票按照使用要求可以分为现金支票和转账支票。 ( )

2. 委托收款是收款人委托银行向付款人收取款项的结算方式,不受金额起点限制。 ( )

3. 各种凭证不得涂改、刮擦、挖补,若填写错误,应采用规定方法予以更正。 ( )

4. 不得开具票样与国家税务总局统一制定的票样不相符合的专用发票。开具的增值税专用发票有不符合上列要求者,不得作为扣税凭证,购买方有权拒收。 ( )

5. 现金送存时先由出纳人员清点票币,款项清点整齐核对无误后,由出纳人员填写现金解款单存入银行。 ( )

四、技能训练

本大题涉及的企业的基本情况如表 5-2 所示。

表 5-2   企业基本情况

公司名称	开户银行	账号	地址
华夏有限责任公司	中国银行北京海淀支行	4563510100888122489	北京海淀区翠微路 105 号
海丰股份有限公司	交通银行北京东城支行	6222198231561812799953	北京东城区诚庄东里 8 号
上海华东股份有限公司	农业银行上海嘉定支行	9558801009012132093	上海嘉定区华江路 120 号
中国银行北京海淀支行		(行号)141000982231	北京海淀区中山路 21 号

1. 2019 年 10 月 11 日，华夏有限责任公司签发现金支票一张，提取现金 2 000 元，用于备用金。

要求：请填写下列现金支票，如图 5-3 所示。

中国银行
现金支票存根
10401110
23097142
附加信息
出票日期　年　月　日
收款人：
金　额：
用　途：
单位主管　会计

中国银行　现金支票　10401110　23097142
出票日期（大写）　年　月　日　付款行名称：中国银行北京海淀支行
收款人：　出票人账号：456351010088122489
付款期限自出票之日起十天
人民币（大写）　亿 千 百 十 万 千 百 十 元 角 分
用途　密码
上列款项请从
我账户内支付
出票人签章　复核　记账

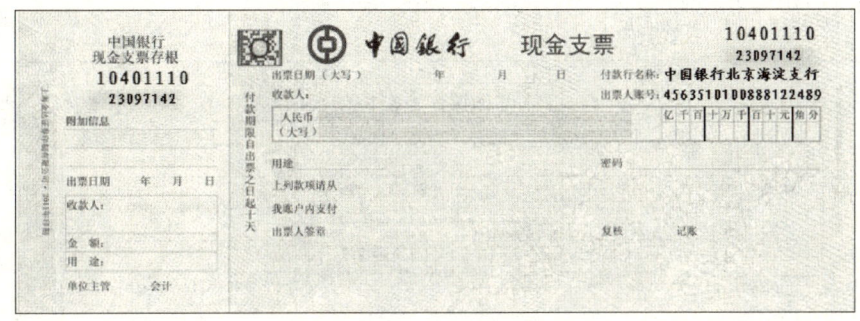

图 5-3　现金支票

2. 2019 年 10 月 16 日，华夏有限责任公司向海丰股份有限公司采购原材料一批，价款为 11 700 元(合同号为 18170)，华夏有限责任公司签发 3 个月期限的商业承兑汇票一张，办理款项的结算。

要求：请填写商业承兑汇票，如图 5-4 所示。

商业承兑汇票　2　10201160　39008593
出票日期（大写）　年　月　日

付款人	全　称		收款人	全　称	
	账　号			账　号	
	开户银行			开户银行	
出票金额	人民币（大写）				亿 千 百 十 万 千 百 十 元 角 分
汇票到期日（大写）			付款人开户行	行号	
交易合同号码				地址	
本汇票已经承兑，到期无条件付款。承兑人签章　承兑日期　年　月　日			本汇票请予以承兑于到期日付款。出票人签章		

此联收款人开户行随托收凭证寄付款行作借方凭证附件

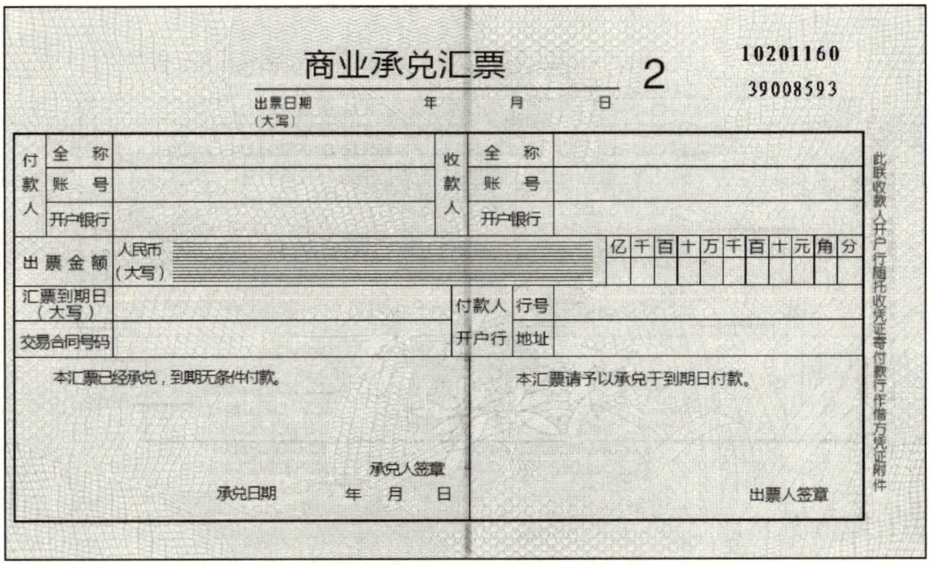

图 5-4　商业承兑汇票

3. 2019 年 10 月 21 日，华夏有限责任公司以普通电汇方式支付上海华东股份有限公司货款 35 100 元。

要求：填制汇款业务凭证，如图 5-5 所示。

4. 2019 年 10 月 28 日，华夏有限责任公司收到职工李斌交来因违反操作规程造成损失的现金赔偿款 500 元。

要求：请填写收款收据，出纳：王小红，如图 5-6 所示。

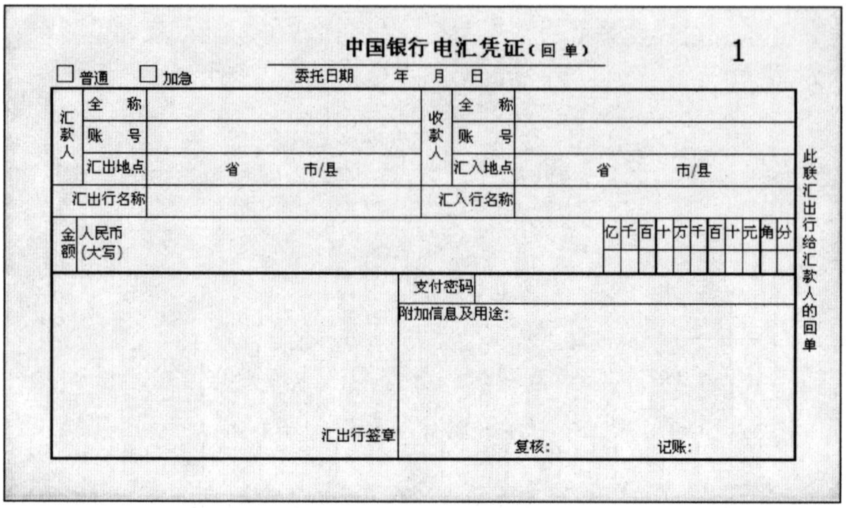

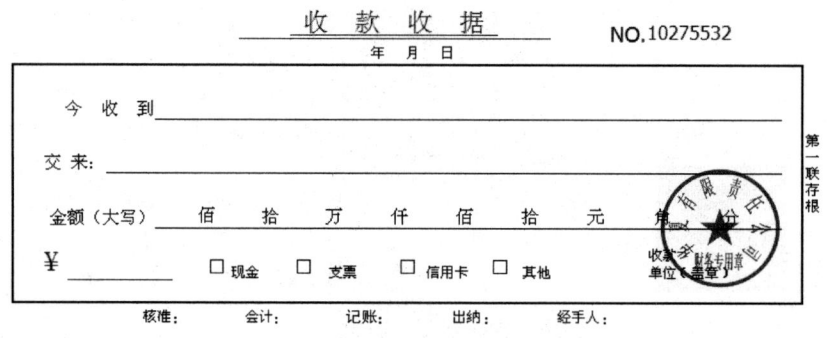

中国银行 电汇凭证（回 单）　1

□普通　□加急　委托日期　年　月　日

汇款人	全　称		收款人	全　称	
	账　号			账　号	
	汇出地点	省　市/县		汇入地点	省　市/县
汇出行名称			汇入行名称		
金额	人民币（大写）			亿 千 百 十 万 千 百 十 元 角 分	
			支付密码		
			附加信息及用途：		
汇出行签章			复核：	记账：	

此联汇出行给汇款人的回单

图 5-5　电汇凭证

收　款　收　据　NO.10275532

年　月　日

今 收 到

交 来：

金额（大写）　佰　拾　万　仟　佰　拾　元　角　分

¥　□现金　□支票　□信用卡　□其他　收款单位（盖章）

核准：　会计：　记账：　出纳：　经手人：

第一联存根

图 5-6　收款收据

五、案例分析题

财政部门于 2019 年 12 月派出检查组对甲公司的会计工作进行检查，检查中了解到以下情况。

业务一：2019 年 2 月，甲公司购买 5 台计算机，会计人员刘某在审核其发票时，发现发票金额栏中的数字有更改现象，经查阅相关买卖合同单据，确认更改后的金额数字是正确的,于是要求该发票的出具单位在发票金额栏更改之处加盖出具单位印章。之后,甲公司财会机构据此登记入账。

业务二:2019年3月,甲公司为了虚增收入,虚开增值税专用发票20万元。

业务三:2019年7月,甲公司因产品转型急需外购一批原材料,供货方提出先预付材料款120万元。为了争取到这批原材料,财会机构负责人王某指令会计人员给供货方开出一张120万元空头转账支票。

要求:甲公司上述业务中存在哪些问题?

第六章 会计资料的整理、归档与保管

 本章基本内容框架

```
                          ┌─ 会计凭证的概念和种类
        会计凭证的整理、归档与保管 ─┼─ 会计凭证的整理和装订
                          └─ 会计凭证的归档与保管

                          ┌─ 会计账簿的概念和种类
        会计账簿的整理、归档与保管 ─┼─ 会计账簿的整理和装订
                          └─ 会计账簿的归档与保管

                          ┌─ 财务会计报告的概念和种类
      财务会计报告的整理、归档与保管 ─┼─ 财务会计报告的整理和装订
                          └─ 财务会计报告的归档与保管
```

 重点、难点讲解及典型例题

一、会计凭证的整理、装订

会计凭证的整理是装订的前提和基础。会计凭证的整理工作,主要是对原始凭证进行排序、粘贴和折叠。由于原始凭证种类繁多、大小不一,为了使装订工作顺利进行,以及使装订后的凭证整齐、美观,必须做好凭证的整理工作。

会计凭证的装订是指把定期整理完毕的会计凭证按照编号顺序外加封面、封底,装订成册,并在装订线上加贴封签。如图 6-1 所示。

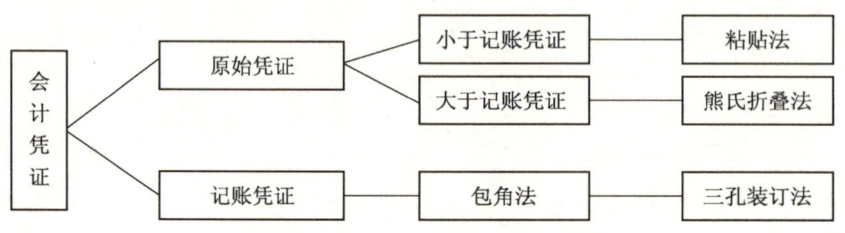

图 6-1 会计凭证的装订方法

二、会计凭证的归档与保管

(1) 会计凭证归档后,原则上不得外借,遇特殊原因,如发生贪污盗窃等经济犯罪案件等,需要使用原始凭证时,经本单位会计机构负责人、会计主管人员批准,应予复制,避免抽出原始凭证致使原册残缺受损。向外单位提供的原始凭证复印件,应当在专设的登记簿上登记,并由提供人员和收取人员共同签字或盖章。

(2) 会计凭证的保管期限和销毁手续,必须严格执行《会计档案管理办法》的规定,任何人无权随意销毁。按照规定,会计凭证的保管期限一般为30年。保管期限从会计年度终了后第一天算起,到会计凭证保管期满后,必须按照规定的审批手续,报经批准后才能销毁。但销毁前应认真清点核对,填制"会计档案销毁目录",销毁会计凭证时,会计部门和档案部门共同派人员进行监销;销毁后在销毁清册上签名或盖章,并将销毁清册交档案部门入档保管。

【例题1·单项选择题】 根据《会计档案管理办法》规定,原始凭证的保管期限为( )年。

A. 5   B. 10
C. 30   D. 35

【答案】 C

【解析】 根据《会计档案管理办法》的规定:会计凭证类的保管期限为30年。

【例题2·单项选择题】 会计凭证的装订,一般( )装订一次。

A. 每天   B. 每旬
C. 每月   D. 每季

【答案】 C

【解析】 会计凭证一般每月装订一次。

三、会计账簿的整理、装订

1. 会计账簿的装订顺序
(1) 会计账簿装订封面。
(2) 账簿启用表。
(3) 账户目录。
(4) 按账簿页数,顺序装订账页。
(5) 会计账簿装订封底。

2. 会计账簿装订的要求
(1) 装订后的会计账簿应牢固、平整,不得有折角、掉页的现象。

(2)账簿装订的封口处,应加盖装订人印章。

(3)装订后,会计账簿的脊背应平整,并注明所属年度及账簿名称和编号。

(4)会计账簿的编号为一年一编,编号顺序为总账、现金日记账、银行存款日记账、明细分类账、其他辅助性账簿。

四、会计账簿的归档与保管

(1)会计账簿的更换通常在新会计年度建账时进行。一般来说,总账、日记账和多数明细账应每年更换一次。但有些财产物资明细账和债权债务明细账由于材料品种、规格和往来单位较多,若更换新账,重抄一遍的工作量较大,可以不必每年度更换一次。各种备查账簿也可以连续使用。

(2)年度终了更换旧账并启用新账后,对更换下来的旧账要整理装订,造册归档。

(3)年度终了,各账户在结转下年、建立新账户时,一般都要把旧账送交总账会计进行集中统一管理。会计账簿暂由本单位财务会计部门保管1年,期满后,由财务会计部门编造清册并移交本单位的档案部门保管。

(4)各种账簿同会计凭证和财务报告一样,都是重要的经济档案,必须按照制度统一规定的保存年限妥善保管,不得丢失和任意销毁。根据《会计档案管理办法》的规定。总账、明细账、日记账、其他辅助性账簿均应保管30年。固定资产明细账(卡片)在固定资产报废清理后保管5年。保管期满后,会计账簿应按照规定的审批程序报经批准后才能销毁。

【例题3·单项选择题】 根据《会计档案管理办法》规定,日记账、总账、明细账的保管期限为(　　)年。

A. 5　　　　　　　　　　　B. 10
C. 15　　　　　　　　　　D. 30

【答案】 D

【解析】 根据《会计档案管理办法》的规定:日记账、总账、明细账、其他辅助性账簿的保管期限为30年。

【例题4·单项选择题】 当年形成的会计档案,在会计年度终了后,可暂由本单位财务会计部门保管(　　)。

A. 6个月　　　　　　　　　B. 1年
C. 2年　　　　　　　　　　D. 5年

【答案】 B

【解析】 当年形成的会计档案,在会计年度终了后,可暂由本单位财务会计部门保管1年。

五、财务会计报告的整理、装订

1. 财务会计报告的整理

会计报表编制完成及时报送后,留存的报表按月装订成册,谨防丢失。小企业可按季度装订成册。

2. 财务会计报告装订的要求

(1) 会计报表装订前要按编报目录核对是否齐全,整理报表页数,上边和左边对齐压平,防止折角,如有损坏部位,在修补后完整无缺地装订。

(2) 到年终时,将全年的月份、季度会计报表(按汇总的、所属单位的、本单位的)分别合订在一起,合订的会计报表应另加封皮,注明何年何时期至何时期,并由装订人签章。年度决算报表规定的保管期不同,应单独装订。

(3) 一个单位的会计报表若页数不多,平时可用订书钉装订。合订的会计报表和年度决算报表,应用线绳装订。用线绳装订时,应将其中所有的金属订书钉、大头针摘除干净,以防日久生锈。

(4) 盖章齐全。一要加盖单位公章,以单位的名义上报。

【例题5·单项选择题】 会计档案的原件,外单位(   )。

A. 绝对不能借阅

B. 可以借阅

C. 可以自由借阅

D. 经本单位领导批准,可提供查阅或复制

【答案】 D

【解析】 外部借阅会计档案时,应持有单位正式介绍信,经会计主管人员或单位领导人批准后,方可办理借阅手续。

【例题6·多项选择题】 会计档案具体内容包括(   )。

A. 会计凭证类   B. 会计账簿类

C. 财务会计报告类   D. 其他会计资料

【答案】 ABCD

【解析】 会计档案具体内容包括:会计凭证、会计账簿、财务会计报告、其他会计资料。

六、财务会计报告的归档与保管

(1) 会计报表经整理、装订后移交档案管理部门保管。会计报表是最重要的会计档案之一,同其他会计档案一样要加强安全管理,以便充分利用。要保管好会计报表档

案,首先要严格执行安全和保密制度;其次要严格执行检查、保管制度。

(2)根据《会计档案管理办法》的规定,月度、季度、半年度财务会计报告保管期限为10年,年度财务会计报告应永久保管。

【例题7·单项选择题】 会计档案保管期满,需要销毁时,由本企业( )提出销毁意见。

  A. 会计部门   B. 档案部门
  C. 会计人员   D. 单位负责人

【答案】 B

【解析】 会计档案保管期满,需要销毁时,由本企业档案部门提出销毁意见。

【例题8·多项选择题】 会计档案保管期限为10年的有( )财务会计报告。

  A. 月度   B. 季度   C. 半年度   D. 年度

【答案】 ABC

【解析】 根据《会计档案管理办法》的规定:年度财务会计报告的保管期限为永久。

七、企业会计档案保管期限(见表6-1)

表6-1   企业和其他组织会计档案保管期限

序号	档案名称	保管期限	备注
一	会计凭证		
1	原始凭证	30年	
2	记账凭证	30年	
二	会计账簿		
3	总账	30年	
4	明细账	30年	
5	日记账	30年	
6	固定资产明细账(卡片)		固定资产报废清理后保管5年
7	其他辅助性账簿	30年	
三	财务会计报告		
8	月度、季度、半年度财务会计报告	10年	
9	年度财务会计报告	永久	
四	其他会计资料		
10	银行存款余额调节表	10年	

(续表)

序号	档案名称	保管期限	备注
11	银行对账单	10年	
12	纳税申报表	10年	
13	会计档案移交清册	30年	
14	会计档案保管清册	永久	
15	会计档案销毁清册	永久	
16	会计档案销毁鉴定意见书	永久	

【例题9·单项选择题】 固定资产明细账(卡片)的保管期限是( )。

A. 5年　　　　　　　　　　　　B. 15年

C. 永久　　　　　　　　　　　　D. 固定资产报废清理后5年

【答案】 D

【解析】 固定资产明细账(卡片)需要固定资产报废清理后保管5年。

【例题10·多项选择题】 根据《会计档案管理办法》的规定:其他会计资料中保管期限为10年的有( )。

A. 银行存款余额调节表　　　　　B. 银行对账单

C. 纳税申报表　　　　　　　　　D. 会计档案销毁鉴定意见书

【答案】 ABC

【解析】 根据《会计档案管理办法》的规定:其他会计资料中银行存款余额调节表、银行对账单、纳税申报表保管期限是10年;会计档案销毁鉴定意见书保管期限是永久。

思考与练习

一、单项选择题

1. 下列各项中,不属于会计档案的是( )。

A. 银行存款余额调节表　　　　　B. 固定资产卡片

C. 会计档案移交清册　　　　　　D. 月度财务收支计划

2. 各单位每年形成的会计档案都应由( )负责整理立卷,装订成册,编制会计档案保管清册。

A. 会计机构　　　　　　　　　　B. 档案部门

C. 人事部门　　　　　　　　　　D. 指定专人

3. 单位会计机构对会计档案立卷归档之后,在保管( )期满后移交单位的会计档案管理机构。

A. 3个月　　　　　　　　　　B. 半年

C. 1年　　　　　　　　　　　D. 2年

4. 《中华人民共和国会计法》规定,单位有关负责人应在财务会计报告上( )。

A. 签名　　　　　　　　　　B. 盖章

C. 签名或盖章　　　　　　　D. 签名并盖章

5. 根据《会计档案管理办法》规定,会计凭证类的保管期限为( )年。

A. 5　　　　　　　　　　　　B. 10

C. 30　　　　　　　　　　　 D. 35

二、多项选择题

1. 下列各项中,应属于会计档案的有( )。

A. 原始凭证　　　　　　　　B. 记账凭证

C. 会计账簿　　　　　　　　D. 财务会计报告

2. 保管期满,不得销毁的会计档案有( )。

A. 未结清的债权债务原始凭证

B. 正在建设期间的建设单位的有关会计档案

C. 超过保管期限但尚未报废的固定资产购买凭证

D. 银行存款余额调节表

3. 下列各项中,属于会计档案的有( )。

A. 原始凭证　　　　　　　　B. 年度工作计划

C. 现金日记账　　　　　　　D. 资产负债表

4. 以下属于永久保存的会计档案的有( )。

A. 年度财务会计报告

B. 会计档案移交清册

C. 会计档案保管清册

D. 会计档案销毁清册

5. 会计档案保管期限分为永久和定期两类。定期保管会计档案的期限包括( )年。

A. 5　　　　　　　　　　　　B. 10

C. 15　　　　　　　　　　　 D. 30

三、判断题

1. 会计档案保管期满需要销毁时,由本单位档案部门提出销毁意见,会同财务会计部门共同鉴定和审查,编造会计档案销毁清单。（   ）
2. 依《会计档案管理办法》规定,原始凭证、记账凭证保管20年。（   ）
3. 已装订成册的会计凭证,如需查阅,可以办理借阅手续,带回借阅单位查阅。（   ）
4. 会计档案的保管期限,根据其特点分为永久性和定期性两类。（   ）
5. 各单位保存的会计档案不得借出,如有特殊需要,经本单位负责人批准,可以提供查阅或者复制,并办理登记手续。（   ）

四、技能训练

1. 用品配备

(1) 记账凭证、原始凭证若干张(均可用其他纸张替代)。

(2) 装订用的会计凭证封面一张、会计凭证封底一张、包角纸一张。

(3) 装订机或小手电钻、针、剪刀、线绳、铁夹、胶水等。

2. 整理、装订操作

对照会计凭证的整理、装订的要求逐项地进行整理装订。

五、案例分析题

2019年12月某市财政局派出检查组对华夏有限责任公司的会计工作进行检查。在检查中了解到以下情况。

(1) 2019年3月,公司从事收入、支出、费用账目登记工作的会计休产假,公司决定由出纳员临时顶替其工作,并兼管会计档案保管工作,二人按规定办理了交接手续。

(2) 2019年6月,该公司会计科同档案科销毁了一批保管期限已满的会计档案,未编造会计档案销毁清册,也未报经公司领导批准,销毁后未履行任何手续。

(3) 2019年8月,经该公司负责人批准,某业务往来单位因业务需要查阅了该公司2018年有关会计档案,对有关原始凭证进行了复制,并办理了登记手续。

(4) 2019年12月,该公司档案科同会计科编制会计档案销毁清册。经法人签字后,按规定进行了监销。经查实,销毁的会计档案中有一些是保管期满但未结清的债权债务原始凭证。

请问:华夏有限责任公司上述情况是否符合法律规定？请说明理由。

第七章　会计人员的沟通技能

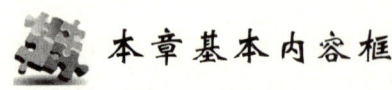 本章基本内容框架

```
                         ┌─ 会计人员的概念
        会计人员沟通能力的必要性 ─┤─ 会计人员的职责
                         └─ 会计人员的内在要求

                         ┌─ 会计人员对外部单位的沟通能力
        会计人员应具备的沟通能力 ─┤
                         └─ 会计人员对单位内部的沟通能力

                         ┌─ 提高会计人员沟通技能的技巧
        提高会计人员的沟通技能 ──┤
                         └─ 提高会计人员沟通技能的途径
```

  重点、难点讲解及典型例题

一、会计人员具备沟通能力的必要性

会计人员的职责包括：进行会计核算；实行会计监督；拟订本单位办理会计事务的具体办法；参与拟订经济计划、业务计划；考核、分析预算、财务计划的执行情况；办理其他会计事务。

对会计人员的内在要求。

（1）知识经济时代是以人为本的时代，要求会计人员具备综合能力。会计人员的能力是指能运用所掌握的知识和技能完成会计工作的本领。

（2）现代市场经济条件下的企业，对会计人员的对外协调能力方面的要求较高。企业与工商、税务、银行以及政府有关部门之间的关系，很多都需要会计人员来处理。由于会计人员的职责要求，会计人员确认、计量、记录、跟踪各方面的会计信息和会计资料，要与采购、生产、仓库保管、销售以及科研等环节和部门的人员打交道。

二、会计人员应具备的沟通能力(见图7-1)

1. 会计人员对外部单位的沟通能力

会计人员在行使职责的过程中,必然与上下级、各主管部门、银行及其他利害关系的利益人和企业之间发生各种联系,只有具备良好的沟通能力,才能做好各项工作,提高工作效率。企业会计人员涉及的外部关系包括处理与财政、工商、税务、金融、保险等诸多部门之间的关系。会计人员、企业的财务总监,与税务部门的沟通只是对外沟通的一个方面。企业的投资人、债权人等其他相关利益者也同样非常关心企业的经济效益,也存在沟通的必要性与交流的空间。市场经济体制下,对企业财务管理人员有了更高的要求,要对宏观经济形势有清晰的判断与把握,要把经济问题放置于宏观经济政策背景下予以考量,关注经济走向与国家政策演变,从而为企业作出正确的决策。

2. 会计人员与单位内部人员的沟通能力

会计人员向来以埋头苦干、甘于默默无闻而著称。由于会计工作要求准确、及时、客观、公正,因此会计人员工作时必须一丝不苟、专心致志,但是只做好这些是远远不够的,会计人员不仅仅要算账、记账、报账,还要处理好与同部门、与单位领导,与单位其他各个部门之间的关系。即便最简单的报销业务,也需要开口与其他部门及领导打交道。

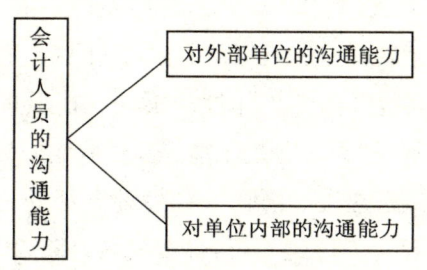

图 7-1 会计人员的沟通能力

【例题1·多项选择题】 会计人员的职责包括( )。

A. 进行会计核算 B. 实行会计监督
C. 拟订经济计划 D. 分析预算

【答案】 ABCD

【解析】 会计人员的职责包括:进行会计核算;实行会计监督;拟订本单位办理会计事务的具体办法;参与拟订经济计划、业务计划;考核、分析预算、财务计划的执行情况;办理其他会计事务。

【例题2·多项选择题】 企业会计人员涉及外部关系的部门有( )部门。

A. 财政   B. 工商   C. 税务   D. 金融

【答案】 ABCD

【解析】 企业会计人员涉及的外部关系包括处理与财政、工商、税务、金融、保险等诸多部门之间的关系。

三、提高会计人员沟通技能的技巧

1. 学会倾听

（1）沟通要讲究"听"的艺术，只有听明白人家在说什么，你才能有针对性地表达自己的思想。学会倾听的过程，可以了解、评估对方的认知，思考、设计如何达成共识，提供正确认知的方法。在倾听的过程中，充分表现对对方的尊重、耐心以及理解，建立互相信任的氛围，进而引导对方坦诚诉说，积极参与到话题中来，是工作得以认真完成的关键要素。

（2）有人说："沟通之道，贵在于先学少说话。"多听少说。特别是在上司面前，更应当聆听、表现出愿意接纳上司的意见和想法的态度。做到有效倾听，必须专心听并筛选重点，理解其涵义，眼睛注视着对方，不时点头称是；不要轻易插嘴，要注意倾听弦外之音；只有充分理解上司的想法，才能准确地回答上司提出的问题和发表自己的见解。

2. 应摆正自己的位置，掌握说话的分寸

（1）要重视上司的意见、认真执行上司布置的任务，在上司尚未作决定之前，可以向他表明自己的看法、建议，一旦他已经决定，最好不要坚持己见。

（2）由于会计人员与其他部门的工作性质不同。在很多财务人员的眼中，会计准则、财务制度、税收法规等都是"天条"，是不能违反的；他们只知道这么做不行，却不知道或者不去想怎么做既不违反制度、法规，又能使业务活动正常开展；有的财务人员甚至认为，反正老板也不懂，我说不行就不行，你要说行，将来出了问题你负责。实际上，财务人员是可以往前走一步的，会计工作并不是铁板一块，是有运作余地的。

3. 既要坚持原则，又要讲究态度和方法

（1）会计人员有一定的财权，这就需要我们坚持原则，行就是行，不行要和人家讲明白。企业财务审批权限和程序不尽相同，绝大多数企业仍执行一支笔审批制度。很多企业都是由主管财务的副总或老总签批。当客户或当事人拿来单据让你报销时，作为会计人员应当审查单据的合法性和真实性，发现问题及时和上司沟通。

（2）人们常说态度决定一切，沟通也是如此。谦虚、真诚、谨慎的沟通态度，可增强沟通双方的信任感，在此基础上表达的意思将更具有说服力。要注意语言表达方式，宜采用先概括后演绎的思维方法，以保证思路清晰，重点突出，说话有条理，同时语言表达要讲究艺术性，力求语言通俗易懂和简明扼要，尽量不使用会计专业术语，对方听起来会轻松自如，也不易感觉疲劳。

4. 积极主动,协调好与各部门的关系

(1) 上级领导交代办的事,有的比较容易办,有的很难办。办完以后应当及时和上司汇报结果。作为财务人员,特别是会计主管人员,不能办成一件事情以后,自我炫耀,功劳都是自己的。特别对于不是你一个人办的事情,不能把功劳记在自己的账上,尽量推让给别人,便于今后合作。如果你的下属做错了事,导致事情没有办成,你应当主动承担责任,总结经验和吸取教训。这样上司不但不能责怪你,反而会更加器重你。

(2) 会计人员分内的事情,尽量自己去处理,能做主的事情要做主,尽量不打扰上司,要培养自己独立工作的能力。在不越权的前提下,要替上司分忧。看准的问题,及时办理,不能等待上司的指派。有些问题应该想到上司的前面,要有前瞻性,他想说还没有说,你把事情办完了,他肯定很高兴。在日常工作中,尽可能为上司搞好公共关系。会计人员要严于律己,宽以待人。

5. 采用正确的沟通方式

(1) 会计人员沟通的方式是多样的。我们应该灵活运用各种沟通方式。开会、座谈、谈心、谈判、电话交谈等口头交流的形式是沟通;书信、通知、合同等书面交流的形式是沟通;E-mail、QQ、网上聊天等信息化交流的形式是沟通;AA制饭局、一起做一项体育活动,甚至一次握手、一个眼神、一个微笑等都是具体有效的沟通形式。

(2) 会计人员沟通在企业中存在正式沟通与非正式沟通、书面沟通与口头沟通等不同的形式。在具体选择时,要根据沟通对象以及沟通内容决定。例如,公司开会讨论、开展培训等就属于正式沟通。对于那些重大、具有影响力的事件应以正式的、书面的形式发放给全体员工;对于日常、琐碎的事情则以效率为第一,优先考虑口头传达的形式。

提高会计人员沟通技能的技巧,如图7-2所示。

【例题3·单项选择题】 单位会计负责人除必须遵守会计职业道德基本规范外,还必须精通政策、做本职行家和( )。

A. 审核记账凭证 B. 管理好空白票据
C. 善于沟通协调 D. 管理好各种票券

【答案】 C

【解析】 对于单位会计负责人除必须遵守会计职业道德基本规范外,还要强调:精通政策、做本职行家、善于沟通协调。

【例题4·多项选择题】 会计人员在企业中存在的沟通形式有( )。

A. 正式沟通 B. 非正式沟通
C. 书面沟通 D. 口头沟通

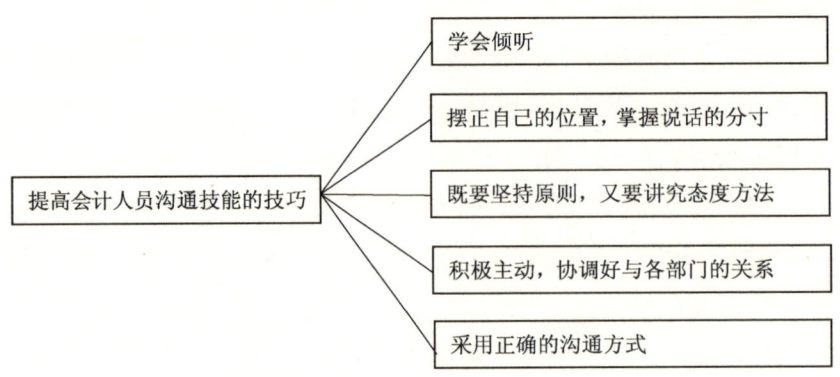

图 7-2 提高会计人员沟通技能的技巧

【答案】 ABCD

【解析】 会计人员在企业中存在正式沟通与非正式沟通、书面沟通与口头沟通等不同的形式。在具体选择时,要根据沟通对象以及沟通内容决定。

四、提高会计人员沟通技能的途径

1. 加强会计人员的培训学习

由于会计工作繁琐,业务性强,需要有较高的业务技术水平,才能做好日常核算工作,才能编制和分析报表。未来经济发展趋势也要求会计从业人员在知识结构、业务水平、综合能力等方面进一步提高,要达到此目标,有效的途径是后续教育。管理部门可出台一些激励措施,大力支持会计人员通过各种形式自学,了解和掌握国家财经法规和审计、税务、统计、电算化及经营管理方面的知识;参加全国会计专业技术资格考试,对取得财会专业学历和获得会计专业技术资格的财会人员,给予精神和物资的奖励。对于会计人员来说,自身的不懈努力才是最根本、最重要的因素。

2. 建立加强自我沟通的机制

一个具有良好沟通能力的人,可以将自己所拥有的专业知识及专业能力进行充分的发挥,并能给对方留下深刻印象。要想有效提高沟通能力,需要建立自我提高机制。

(1) 会计人员应该清楚自己的沟通范围和沟通对象,以便全面地提高自己的沟通能力。

(2) 评价自己的沟通状况。会计人员在处理日常事务的过程中,应该有意识地不断反思。比如说对哪些情境下的沟通感到有心理压力,是否与多数人能够保持轻松愉快的沟通,是否经常感到自己的意思没有表达清楚,等等。只有认真、客观地回答上述问题,才能清楚与哪些人的沟通需要重点改善。做到对自己有的放矢,遇到矛盾时理性沟通,对事不对人,强化好的沟通,努力改善差的沟通,不断提高会计人员的工作效率。

3. 对会计人员实行轮岗制

有的会计人员工作一辈子,只做过出纳,平时工作或者是审核报销,或者是记账,如果到了别的岗位就不能胜任工作,因此实行会计人员岗位轮换制是很有必要的。通过会计人员岗位轮换制,可以使会计人员丰富知识,掌握业务运行和财务工作的全貌,便于培养协作精神,克服成见,促进工作,同时促使他们自觉学习与提高,自觉地学会处理局部和整体的关系。

【例题5·单项选择题】 新的《会计人员继续教育规定》开始施行时间为( )。

A. 2006 年 11 月 20 日   B. 2013 年 10 月 1 日

C. 2012 年 10 月 1 日   D. 2007 年 11 月 20 日

【答案】 B

【解析】 2013 年 8 月 27 日,财政部以财会[2013]18 号印发《会计人员继续教育规定》。该规定分总则、管理体制、内容与形式、学分管理、机构管理、师资与教材、监督与检查、附则共 8 章 38 条,自 2013 年 10 月 1 日起施行。财政部 2006 年 11 月 20 日发布的《会计人员继续教育规定》(财会[2006]19 号)予以废止。

【例题6·多项选择题】 下列各项中,属于会计人员提高技能重要性的有( )。

A. 是适应人才竞争的需要

B. 是适应会计发展的需要

C. 是胜任本职工作的需要

D. 是廉洁自律的需要

【答案】 ABC

【解析】 提高技能的重要性包括:是适应人才竞争的需要;是胜任本职工作的需要;是适应会计发展的需要。

 思考与练习

一、单项选择题

1. 下列不属于会计人员企业内部关系涉及部门的是( )等部门。

A. 采购   B. 生产

C. 税务   D. 销售

2. 下列不属于会计人员沟通技巧的是( )。

A. 学会倾听   B. 掌握说话的分寸

C. 摆正自己的位置   D. 只坚持原则,不讲究方法

3. 会计人员沟通协调好各部门之间的关系,不包括的是( )。

A. 文明礼貌 B. 互不沟通
C. 团结协作 D. 互相支持

4. 会计人员是为企业各部门服务的,下列不体现会计职业道德"强化服务"要求的是(   )。

A. 强烈的服务意识 B. 文明的服务态度
C. 优良的服务质量 D. 熟悉财经制度

5. 下列不属于会计人员提高技能重要性的是(   )。

A. 适应人才竞争的需要 B. 适应会计发展的需要
C. 胜任本职工作的需要 D. 廉洁自律的需要

二、多项选择题

1. 企业会计人员涉及外部关系的部门有(   )等部门。

A. 金融 B. 工商
C. 税务 D. 保险

2. 下列各项中,属于会计职业技能主要内容的有(   )。

A. 提供会计信息的能力 B. 沟通交流能力
C. 职业判断能力 D. 会计实务能力

3. 会计人员企业内部关系涉及的部门有(   )等部门。

A. 采购 B. 生产
C. 仓库保管 D. 销售

4. 下列各项中,属于会计人员"强化服务"重要性的有(   )。

A. 是社会主义社会人与人之间新型关系的具体体现
B. 关系到会计行业的声誉
C. 关系到全行业运作的效率
D. 是提高会计职业声誉的基本条件

5. 会计人员的职责包括(   )。

A. 实行会计监督 B. 进行会计核算
C. 拟订业务计划 D. 签订合同

三、判断题

1. 会计人员参与管理简单地讲就是参加管理活动,为管理者当参谋,为管理活动服务。 (   )

2. 会计人员从"管账型"转向"管理型"是现实的呼唤。 (   )

3. 会计工作是专业性和技能性很强的工作,作为一名会计工作者,必须不断地提高综合能力,这既是会计人员的义务,也是做好会计工作的需要。（　　）

4. 一个微笑也属于会计人员的沟通方式。（　　）

5. 沟通交流能力属于会计职业技能主要内容之一。（　　）

四、技能训练

如果员工在工资结算上出现冲突,作为企业的会计人员应该怎么处理?

五、案例分析题

2019年12月,华夏有限责任公司会计人员在处理公司事务时遇到以下情况。

(1) 王某拿着一张董事长签批好的单据来财务部要钱,该会计人员了解这家企业,交易肯定存在问题。便对王某说,单据先放在我这里,您先回去,等我的电话。王某十分不满意,问为什么不能给钱? 拿着这张条子就要找董事长,会计人员说:"您别生气,请坐一会,喝点水。我需要和老总沟通一下"。董事长听会计介绍的情况后,才恍然大悟,他说险些上当。董事长请王某到他的办公室,说明情况,取消了那笔交易。董事长还对王某说,财务部的做法是对的,请他不要误会,并强调说,出了问题对谁都不好。从那次以后,老总作出决定,凡是来结算要钱的,先让该会计人员审核签字,他再审批。

(2) 公司为取得一项工程合同,拟向有关人员支付处理关系费用10万元,市场部经理持董事长批示到财务部申领该笔款项,该会计人员认为该支出不符合有关规定,但考虑到董事长已作批示,即同意拨付该款项。

要求:

(1) 情况(1)中体现了会计人员什么能力的重要性?

(2) 情况(2)违反了哪项职业道德?

(3) 案例中体现的会计人员沟通技巧有哪些?

第二部分 思考与练习参考答案

第一章 总论

一、单项选择题

1	2	3	4	5
A	C	B	B	D

【解释】

第1题:略。

第2题:会计核算从数量上反映单位的经济活动状况,是以货币量度为主,以实物量度和劳务量度作为辅助量度。因此选择C。

第3题:略。

第4题:会计监督职能,即实施过程控制,包括事前、事中、事后的监督。因此选择B。

第5题:略。

二、多项选择题

1	2	3	4	5
AB	ABCD	ABCD	ABCD	ABC

【解释】

第1题:略。

第2题:略。

第3题:略。

第4题:会计基本技能主要包括会计的书写技能、电子计算工具应用技能、点钞与验钞技能、常见原始凭证的认知与填制、会计资料的整理、归档与保管技能。因此选择ABCD。

第5题:就会计两大基本职能的关系而言,反映职能是监督职能的基础,没有反映职能提供的信息,就不可能进行会计监督,因为如果没有会计反映提供可靠、完整的会计资料,会计监督就没有客观依据,也就无法进行会计监督;而监督职能又是反映职能的保证,没有监督职能进行控制,提供有力的保证,就不可能提供真实可靠的会计信息,也就不能发挥会计管理的能动作用,会计反映也就失去了存在的意义。因此,会计的反映职能和监督职能是紧密结合,密不可分,相辅相成的,同时又是辩证统一的。因此选择 ABC。

三、判断题

1	2	3	4	5
×	√	×	√	×

【解释】

第1题:会计是以货币为主要计量单位,反映和监督一个单位经济活动的一种经济管理工作。货币计量是主要计量单位,但不是唯一。因此为×。

第2题:略。

第3题:会计的基本职能包括反映职能和监督职能两个方面。除上述基本职能外,会计还具有预测经济前景、参与经营决策等其他职能。因此为×。

第4题:略。

第5题:会计档案的保管必须根据《会计档案管理办法》的统一规定在保存年限内妥善保管,不得丢失和任意销毁。因此为×。

四、案例分析题

在此案例中,王明主要涉及的会计基本技能为:

(1) 在提取现金的业务中,涉及会计数字的书写、现金支票的填写等基本技能。

(2) 为业务员报销差旅费时,涉及差旅费报销单的填写、假币识别等基本技能。

(3) 每日盘点库存现金时,会用到点钞、翻打传票、假币识别等基本技能。

(4) 月末,将本期会计凭证装订成册,会涉及会计资料的整理、归档与保管等基本技能。

第二章 会计的书写技能

一、单项选择题

1	2	3	4	5
D	A	B	D	A

【解释】

第1题:中文大写金额到"分"位的,不写"整"或"正"字。因此选择 D。

第2题:为了易于辨认、防止涂改,中文大写金额数字应一律用正楷或者行书字体书写。因此选择 A。

第3题:票据和结算凭证金额以中文大写和阿拉伯数码同时记载的,两者必须一致,否则票据无效,结算凭证银行不予受理。票据和结算凭证上一旦写错或漏写了数字,必须重新填写单据,不能在原单据上改写数字,以保证所提供数字真实、准确、及时、完整。因此选择 B。

第4题:"¥1 050.65"的大写金额可写为"人民币壹仟零伍拾元陆角伍分"或"人民币壹仟零伍拾元零陆角伍分"。因此选择 D。

第5题:已经登记入账的记账凭证,在当年内发现有误,可以用红字填写一张与原内容相同的记账凭证,在摘要栏注明"注销某月某日某号凭证",以冲销原错误的记账凭证。因此选择 A。

二、多项选择题

1	2	3	4	5
ABC	ABCD	ACD	ABCD	ABCD

【解释】

第1题:票据的出票日期必须使用中文大写。因此选择 ABC。

第2题:略。

第3题:所有以元为单位的阿拉伯数字,除表示单价等情况外,一律在元位小数点后填写到分位,无角分的,角、分位可写"00"或符号"—",有角无分的,分位应写"0",不得用符号"—"代替。因此选择 ACD。

第4题:略。

第5题:略。

三、判断题

1	2	3	4	5
√	√	×	×	√

【解释】

第1题:略。

第2题:略。

第3题:划线更正法只适用于记账凭证正确,在记账时发生错误,导致的账簿记录错误。若原始凭证金额有错误,只能由原出具单位重开,不得更正。因此为×。

第4题:阿拉伯金额数字中间有"0"时,只写一个"零"字。因此为×。

第 5 题:略。

四、技能训练

第 1 题:

大写:<u>人民币贰万捌仟柒佰零叁元肆角玖分</u>

大写:<u>人民币壹拾陆万元整</u>

大写:<u>人民币伍佰捌拾元零贰角整</u>

大写:<u>人民币叁佰万零柒拾元零壹角整</u>

小写:<u>¥874 137.66</u>

小写:<u>¥607 174.61</u>

小写:<u>¥274 132.19</u>

小写:<u>¥240 676.82</u>

【解释】

第 3 组:中文大写金额到"角"为止的,可以在"角"之后写"整"或"正"字,也可以不写;阿拉伯金额数字万位或元位是"0",或者数字中间连续有几个"0",万位、元位也是"0",但千位、角位不是"0"时,中文大写金额中可以只写一个"零"字,也可以不写"零"字。因此该组金额有四种读法:人民币伍佰捌拾元零贰角整(或人民币伍佰捌拾元贰角整,或人民币伍佰捌拾元零贰角,或人民币伍佰捌拾元贰角)。

第 4 组:同第 3 组。因此该组金额有四种读法:人民币叁佰万零柒拾元零壹角整(或人民币叁佰万零柒拾元壹角整,或人民币叁佰万零柒拾元零壹角,或人民币叁佰万零柒拾元壹角)。

第 2 题:略。

五、案例分析题

1. 填写支票

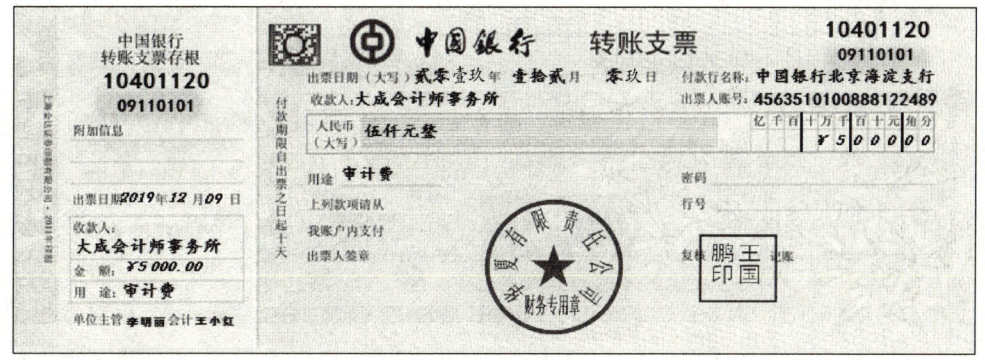

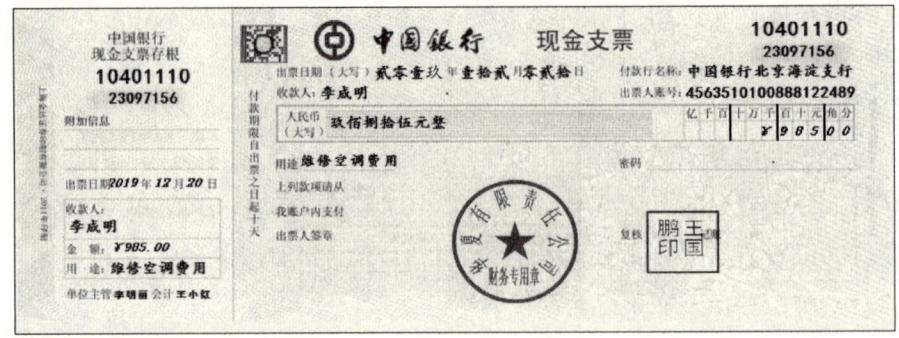

2. 案例分析

《中华人民共和国票据法》第八十七条规定:"支票的出票人所签发的支票金额不得超过其付款时在付款人处实有的存款金额。出票人签发的支票金额超过其付款时在付款人处实有的存款金额的,为空头支票。禁止签发空头支票。"《中华人民共和国票据管理实施办法》第三十一条规定:"签发空头支票或者签发与其预留的签章不符的支票,不以骗取财物为目的的,由中国人民银行处以票面金额5%但不低于1 000元的罚款;持票人有权要求出票人赔偿支票金额2%的赔偿金。"

本案例中,华夏有限责任公司对于签发空头支票的行为,应该接受中国人民银行根据规定对其给予的行政处罚,同时,应与大成会计师事务所及时沟通付款事宜。

第三章　电子计算工具的应用技能

一、单项选择题

1	2	3	4	5
A	C	C	B	D

【解释】

第1题:总和计算键为【GT】,清除错误键为【CE】,记忆加法键为【M+】,记忆总值键为【MR】。因此选择A。

第2题:略。

第3题:略。

第4题:略。

第5题:【清除】:用于清除错误输入,同时清除屏幕显示信息;【退货】:按下该键后输入的交易为退货交易;【更改】:在交易结算之前,当需要取消已经录入的某项商品可按该键;【取消】:在当前交易中对刚刚输入的商品项进行删除。因此选择D。

二、多项选择题

1	2	3	4	5
ABCD	ABD	ABC	BCD	ABCD

【解释】

第1题:略。

第2题:在计算机数字小键盘上,食指负责"1""4""7"键;中指负责"2""5""8""/"键;无名指负责"."" 3""6""9""*"键;大拇指负责"0"键;小指负责"+""-""Enter"键。因此选择ABD。

第3题:略。

第4题:略。

第5题:略。

三、判断题

1	2	3	4	5
√	×	×	×	√

【解释】

第1题:略。

第2题:【AC】为清除键,按该键会完全清除输入的数值,重新开始计算。【CE】为清除错误键,按该键会清除刚输入的数值,但不影响以前的计算。因此为×。

第3题:根据计算器的基本指法,"1、4、7、0"键位一般由食指负责。因此为×。

第4题:翻打传票开扇时,扇面应呈20°~25°角。因此为×。

第5题:略。

四、技能训练

第1题:略。

第2题:如下所示。

一	二	三	四	五
30 899 270.65	24 765 799.74	57 944 081.43	30 308 372.93	17 355 644.49

第3题:如下所示。

序号	一	二	三	四	合计
1	3 049 827.00	9 240.00	270 658.00	18 462 537.00	21 792 262.00
2	8 523 409.00	20 713 598.00	9 143.00	−604 921.00	28 641 229.00

(续表)

序号	一	二	三	四	合计
3	7 830.00	69 825.00	3 581 609.00	3 609.00	3 662 873.00
4	316 578.00	5 136 042.00	42 813.00	79 205 416.00	84 700 849.00
5	21 678 325.00	804 795.00	6 064 378.00	41 267.00	28 588 765.00
6	60 174.00	1 263 409.00	159 826.00	5 823.00	1 489 232.00
7	20 941 563.00	7 863.00	32 590.00	981 537.00	21 963 553.00
8	6 245.00	594 280.00	32 561 409.00	4 097 823.00	37 259 757.00
9	80 791.00	13 127 458.00	3 127.00	820 395.00	14 031 771.00
10	6 015 429.00	80 591.00	14 082 951.00	7 608.00	20 186 579.00
11	67 891.00	6 437.00	9 713 098.00	253 041.00	10 040 467.00
12	391 467.00	13 490 521.00	5 283.00	−84 356.00	13 802 915.00
13	15 243 078.00	16 294.00	694 320.00	7 058 169.00	23 011 861.00
14	4 235.00	6 285 317.00	41 578.00	93 206 548.00	99 537 678.00
15	8 140.00	147 593.00	6 278 019.00	29 368 175.00	35 801 927.00
16	2 039 168.00	30 401 679.00	607 593.00	45 201.00	33 093 641.00
17	517 293.00	2 096.00	13 148 625.00	50 943.00	13 718 957.00
18	12 368 271.00	5 034 821.00	18 943.00	6 170.00	17 428 205.00
19	451 769.00	67 592.00	4 025.00	3 094 817.00	3 618 203.00
20	70 415.00	836 715.00	48 690 452.00	7 936 281.00	57 533 863.00
合计	91 841 898.00	98 096 166.00	136 010 440.00	243 956 083.00	569 904 587.00

第4题:略。

第5题:略。

第6题:操作步骤如下:

	A	B	C	D	E	F	G	H
1	所占比例	30%	20%	15%	15%	20%		
2								
3				学生成绩单				
4	学号	语文	数学	物理	化学	英语	合计	加权平均分
5	201501	78	88	65	86	59	376	75.45
6	201502	87	85	45	68	95	380	79.05
7	201503	89	84	87	68	25	353	71.75
8	201504	67	59	59	75	75	335	67
9	201505	66	88	65	86	59	364	71.85
10	201506	87	85	45	68	95	380	79.05
11	201507	65	84	86	68	88	391	77
12	201508	55	59	57	75	75	321	63.1
13	201509	87	85	90	68	95	425	85.8
14	201510	89	84	86	68	90	417	84.6
15	201511	78	89	65	58	70	360	73.65
16	201512	74	85	45	68	95	367	75.15
17	201513	82	84	87	68	25	346	69.65
18	201514	67	59	59	75	75	335	67
19	201515	78	79	65	79	59	360	72.6
20	201516	87	85	45	68	95	380	79.05
21	201517	82	84	74	75	88	403	81.35
22	201518	55	89	87	78	75	384	74.05
23	201519	87	73	68	70	95	393	80.4
24	201520	73	84	86	68	88	399	79.4
25	各科总分	1 533	1 612	1 366	1 437	1 521		
26	各科平均分	76.65	80.6	68.3	71.85	76.05		
27	各科最高分	89	89	90	86	95		
28	各科最低分	55	59	45	58	25		

（1）在 G5 单元格中输入公式"=B5＋C5＋D5＋E5＋F5"[或公式"=SUM(B5：F5)"]，并将公式自动填充至 G24 单元格。

（2）在 H5 单元格中输入公式"=B5＊＄B＄1＋C5＊＄C＄1＋D5＊＄D＄1＋E5＊＄E＄1＋F5＊＄F＄1"，并将公式自动填充至 H24 单元格(或采用数组公式计算：选中 H5：H24 单元格区域，输入公式"=B5：B24＊B1＋C5：C24＊C1＋D5：D24＊D1＋E5：E24＊E1＋F5：F24＊F1"，最后按 Shift＋Ctrl＋Enter 结果)。

（3）在 B25 单元格中输入公式"=SUM(B5：B24)"，并将公式自动填充至 F25 单元格。

（4）在 B26 单元格中输入公式"=AVERAGE(B5：B24)"，并将公式自动填充至 F26 单元格。

（5）在 B26 单元格中输入公式"=MAX(B5：B24)"，并将公式自动填充至 F26 单元格。

（6）在 B26 单元格中输入公式"=MIN(B5：B24)"，并将公式自动填充至 F26 单元格。

五、案例分析题

张华的收款步骤：

1. 张华应按数字键【4】，再按【×】，然后再用扫描枪扫描商品编码，此时屏幕上提示："商品：啤酒，数量：4.00，单价：2.80，金额 11.20"。

2. 按【小计】键结束交易录入阶段，进入收银确认阶段，屏幕上提示"总数：4.00，总额：11.20"。

3. 顾客实付金额 50 元，录入数字【50】，再按【现金】键，此时钱箱自动打开，同时屏幕布上提示："总数：4.00，总额：11.20，找零：38.80"，张华应按屏幕提示的找零金额将款项 38.80 元找还顾客。

第四章　现钞与电子货币的应用技能

一、单项选择题

1	2	3	4	5
B	A	B	D	A

【解释】

第1题：点钞的基本程序主要包括8个环节：起钞→拆把→持钞→点数→记数→扎

把→盖章→整理。选项 C 墩齐是在第六个环节扎把之前,把点好的 100 张钞票墩齐,用腰条扎紧。因此选择 B。

第 2 题:人民币是指中国人民银行依法发行的货币,包括纸币和硬币。因此选择 A。

第 3 题:假币一般分为两大类:伪造币和变造币。伪造币是仿照人民币图案、形状、色彩等,采用各种手段制作的假人民币。根据伪造手段和方式的不同,伪造币主要有机制假币、复印假币、拓印假币、刻板印刷假币等几种类型。变造币是指在真币的基础上,采用挖补、揭层、涂改、拼凑、移位、重印等多种方法制作,改变真币原形态的假币。因此选择 B。

第 4 题:100 元纸币票面正面左下方,印有绿色 100 字样,将垂直观察的票面倾斜到一定角度时,该字样会由绿色变成蓝色。因此选择 D。

第 5 题:略。

二、多项选择题

1	2	3	4	5
ABCD	ABD	AD	ABC	BC

【解释】

第 1 题:变造币是指在真币的基础上,采用挖补、揭层、涂改、拼凑、移位、重印等多种方法制作,改变真币原形态的假币。因此选择 ABCD。

第 2 题:略。

第 3 题:扎把的方法有缠绕式和扭结式两种,其中最常用的是缠绕式。因此选择 AD。

第 4 题:略。

第 5 题:略。

三、判断题

1	2	3	4	5
×	√	×	√	√

【解释】

第 1 题:公民误收假币,不应再使用,应上缴当地银行或公安机关。

第 2 题:略。

第 3 题:手持式单指单张点钞法,持钞时要求左手中指、无名指分开夹住钞票。

第 4 题:略。

第 5 题:略。

四、技能训练

略。

五、案例分析题

1. 违反了《中国人民银行假币收缴鉴定管理办法》规定的假币收缴程序。具体是:

(1) 小李未持《反假货币上岗资格证书》上岗。

(2) 收缴过程离开了持有人视线范围,没有做到"当面收缴"。

(3) 银行应开具假币收缴凭证而非假币没收凭证。

(4) 没有履行告知程序。

2. 小刘应掌握手工点钞的基本技能,特别是单指单张点钞技能,还应掌握验钞技能。

3. (1) 第三方支付平台的工作流程主要分三步:①将买方货款转拨到第三方平台所在账户;②当转账成功后通知卖方发货;③接收买方确认货物信息后,货款转拨到卖方账户。

(2) 第三方支付的优势主要有:①第三方支付平台采用了与众多银行合作的方式,可同时提供多种银行卡的网关接口,从而大大地方便了网上交易的进行,对于商家来说,不用安装各个银行的认证软件,从一定程度上简化了费用和操作;对于消费者来讲,网上交易将最低程度地受限于特定的银行卡,并且交易的信用度也更加有保障。②第三方支付平台作为中介方,可以促成商家和银行的合作。对于商家,第三方支付平台可以降低其运营成本;同时对于银行,可以直接利用第三方的服务系统提供服务,帮助银行节省网关开发成本。③第三方支付平台可以对交易双方的交易进行详细的记录,从而防止交易双方对交易行为可能的抵赖以及为在后续交易中可能出现的纠纷问题提供相应的证据,并能通过一定的手段对交易双方的行为进行一定的评价约束,成为网上交易信用查询的窗口。

第五章 常见原始凭证的认知与填制

一、单项选择题

1	2	3	4	5
C	B	B	C	C

【解释】

第1题:略。

第2题:支票的提示付款期限自出票日起10日,但人民银行另有规定的除外。因此,选择B。

第3题:略。

第4题:收付双方使用托收承付结算必须签有符合《经济合同法》的购销合同,并在合同上订明使用托收承付结算方式。

第5题:略。

二、多项选择题

1	2	3	4	5
ABCD	ABCD	ABC	ABCD	CD

【解释】

第1题:略。

第2题:略。

第3题:略。

第4题:略。

第5题:商业汇票按照承兑人不同分为商业承兑汇票和银行承兑汇票。因此选择CD。

三、判断题

1	2	3	4	5
×	√	×	√	√

【解释】

第1题:支票按照使用要求可分为现金支票、转账支票和普通支票。因此为×。

第2题:略。

第3题:各种凭证不得随意涂改、刮擦、挖补,若填写错误,应采用规定方法予以更正或重开。因此为×。

第4题:略。

第5题:略。

四、技能训练

1. 填写现金支票

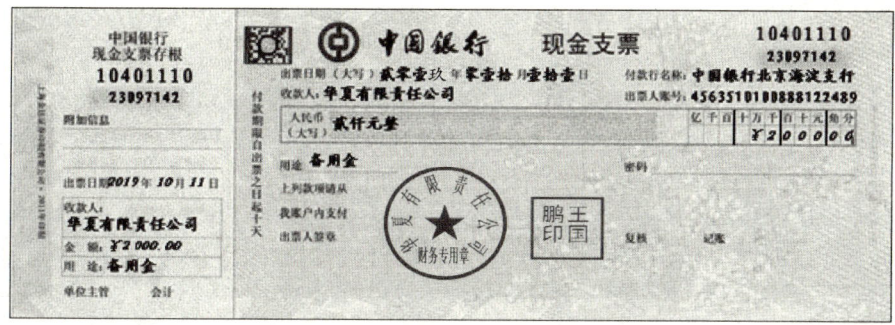

2. 填写商业承兑汇票

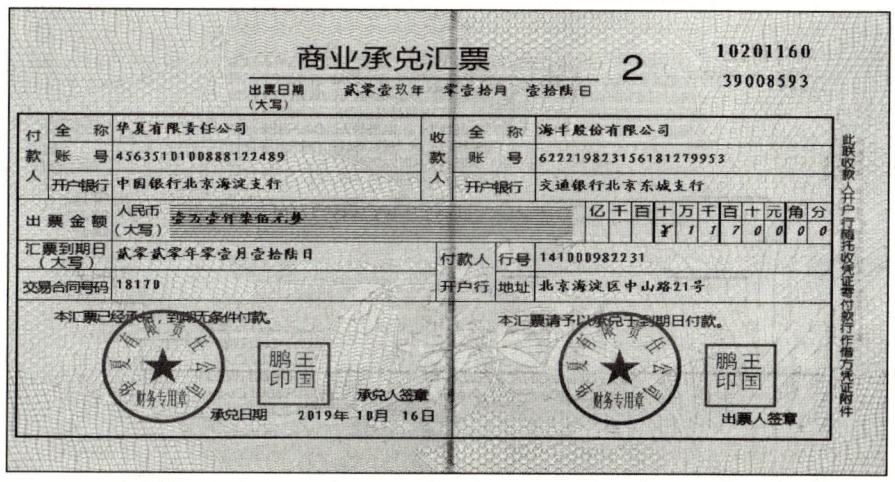

3. 填写电汇凭证

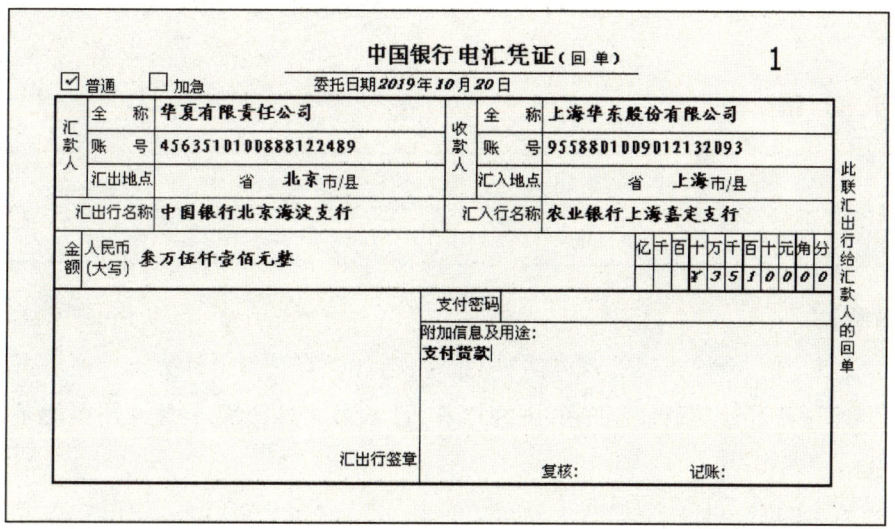

4. 填写收款收据

```
                    收  款  收  据                NO.10275532
                      2019年10月28日
      今   收   到  李斌                现金收讫
      交   来：违规赔偿款                                              第
      金额（大写）    零佰   零拾   零万   零仟   伍佰   零拾   零元          一
                                                                   联
      ¥ 500.00       ☑现金   □支票   □信用卡   □其他              存
                                                                   根
            核准：      会计：     记帐：    出纳：王小红   经手人：
```

五、案例分析题

1. 业务一操作不正确。因为金额有误的原始凭证，只能重新开具，不得更改。

2. 业务二操作不正确。因为填开发票的单位和个人必须在发生经营业务确认营业收入时开具发票。未发生经营业务一律不准开具发票。

3. 业务三操作不正确。我国《票据管理实施办法》第三十一条规定："签发空头支票或签发与其预留的签章不符的支票，不以骗取钱财为目的的，由中国人民银行处以票面金额5%但不低于1 000元的罚款，持票人有权要求出票人赔偿支票金额2‰的赔偿金。"另外，根据《支付结算办法》第一百二十五条规定，对于多次签发空头支票的企业，银行还可以取消其签发支票的资格。

第六章　会计资料的整理、归档与保管

一、单项选择题

1	2	3	4	5
D	A	C	D	C

【解释】

第1题：根据《会计档案管理办法》的规定：会计档案是指会计凭证、会计账簿、财务报告等会计核算专业资料。至于单位的预算、计划等文件不属于会计档案的范畴。因此选择D。

第2题：根据《会计档案管理办法》的规定：各单位每年形成的会计档案，都应由会计部门按照归档的要求，负责整理立卷，装订成册，编制会计档案保管清册。因此选择 A。

第 3 题:根据《会计档案管理办法》的规定,当年形成的会计档案在会计年度终了后,可暂由本单位会计部门保管 1 年,期满后移交单位的会计档案管理机构。因此选择 C。

第 4 题:根据《中华人民共和国会计法》的规定:企业对外提供的财务会计报告,应当由企业负责人、主管会计工作的负责人、会计机构负责人(会计主管人员)、总会计师签名并盖章。因此选择 D。

第 5 题:根据《会计档案管理办法》的规定:会计凭证类的保管期限为 30 年。因此选择 C。

二、多项选择题

1	2	3	4	5
ABCD	ABC	ACD	ACD	ABD

【解释】

第 1 题:根据《会计档案管理办法》的规定,会计档案包括:①会计凭证:原始凭证和记账凭证;②会计账簿:总账,明细账,日记账,其他辅助性账簿;③财务会计报告:月度、季度、半年度、年度财务会计报告;④其他会计资料:银行存款余额调节表,银行对账单,会计档案移交清册,会计档案保管清册,会计档案销毁清册,会计档案销毁鉴定意见书,其他具有保存价值的会计资料。因此选择 ABCD。

第 2 题:对于保管期满但尚未结清的债权债务以及涉及其他未了事项的原始凭证不得销毁,应单独抽出,另行立卷,由档案部门保管到未了事项完结为止,选项 A、C 属于这种情况。正在项目建设期间的建设单位,其保管期满的会计档案也不得销毁。因此选择 ABC。

第 3 题:根据《会计档案管理办法》的规定,会计档案包括:①会计凭证:原始凭证,记账凭证;②会计账簿:总账,明细账,日记账,其他辅助性账簿;③财务会计报告:月度、季度、半年度、年度财务会计报告;④其他会计资料:银行存款余额调节表,银行对账单,会计档案移交清册,会计档案保管清册,会计档案销毁清册,会计档案销毁鉴定意见书,其他具有保存价值的会计资料。至于单位的预算、计划、制度、审计等文件不属于会计档案的范畴。因此选择 ACD。

第 4 题:根据《会计档案管理办法》的规定:会计档案需永久保存的有:年度财务会计报告、会计档案保管清册、会计档案销毁清册、会计档案销毁鉴定意见书。因此选择 ABCD。

第5题：根据《会计档案管理办法》的规定：会计档案的保管期限分为永久、定期两类。定期保管期限分为5年、10年和30年三类。因此选择ABCD。

三、判断题

1	2	3	4	5
×	×	×	√	√

【解释】

第1题：会计档案保管期满需要销毁的，由本单位档案机构提出销毁意见，编制会计档案销毁清册，单位负责人应当在会计档案销毁清册上签署意见。因此为×。

第2题：根据《会计档案管理办法》的规定：原始凭证、记账凭证的保管期限是30年。因此为×。

第3题：外部借阅会计档案时，应持有单位正式介绍信，经会计主管人员或单位领导人批准后，方可办理借阅手续，借阅会计档案的人员，严禁将会计档案携带外出或复制原件（如有特殊情况，须经领导批准后方能携带外出或复制原件）。因此为×。

第4题：略。

第5题：略。

四、技能训练

第1题：略。

第2题：略。

五、案例分析题

1. 不符合规定。根据《中华人民共和国会计法》的规定，出纳人员不得兼任稽核、会计档案保管和收入、支出、费用、债权债务账目的登记工作。

2. 不符合规定。会计档案保管期满需要销毁的，需编造会计档案销毁清册，经单位负责人签署意见同意后方可销毁，销毁后，监销人应当在会计档案销毁清册上签章，并将监销情况报告单位负责人。

3. 符合规定。根据《会计档案管理办法》的规定，会计档案经本单位负责人批准，在不拆散原卷册的前提下，可以提供查阅或者复制，并办理登记手续。

4. 不符合规定。根据《会计档案管理办法》的规定，不得销毁的会计档案包括：

（1）保管期满但未结清的债权债务原始凭证。

（2）正在项目建设期间的建设单位的保管期满的会计档案。

（3）其他未了事项的原始凭证。

第二部分　思考与练习参考答案

第七章　会计人员的沟通技能

一、单项选择题

1	2	3	4	5
C	D	B	D	D

【解释】

第1题：会计人员确认、计量、记录、跟踪各方面的会计信息和会计资料,要与采购、生产、仓库保管、销售以及科研等环节和部门的人员进行沟通。因此选择 C。

第2题：略。

第3题：具有良好的语言和文字的表达能力,能简要、准确地陈述问题和观点,文明礼貌、团结协作、互相支持;能正确处理好上下级之间、各部门之间的关系;树立会计人员自身良好的职业形象。因此选择 B。

第4题：体现会计职业道德"强化服务"要求的有:强烈的服务意识、文明的服务态度、优良的服务质量。因此选择 D。

第5题：提高技能的重要性包括:是适应人才竞争的需要;是胜任本职工作的需要;是适应会计发展的需要。因此选择 D。

二、多项选择题

1	2	3	4	5
ABCD	ABCD	ABCD	ABCD	ABC

【解释】

第1题：企业会计人员涉及的外部关系包括处理与财政、工商、税务、金融、保险等诸多部门之间的关系。因此选择 ABCD。

第2题：会计职业技能的内容主要包括:第一,会计专业理论能力;第二,会计实务能力;第三,职业判断能力;第四,自动更新知识能力;第五,提供会计信息的能力;第六,沟通交流能力;第七,职业经验。因此选择 ABCD。

第3题：由于会计人员的职责要求,会计人员确认、计量、记录、跟踪各方面的会计信息和会计资料,要与采购、生产、仓库保管、销售以及科研等环节和部门的人员打交道。因此选择 ABCD。

第4题：强化服务的重要性包括:强化服务是社会主义社会人与人之间新型关系的具体体现;文明服务关系到会计行业的声誉和全行业运作的效率;坚持文明服务,是提高会计职业声誉的基本条件。因此选择 ABCD。

第5题:会计人员的职责包括:进行会计核算;实行会计监督;拟订本单位办理会计事务的具体办法;参与拟订经济计划、业务计划,考核、分析预算、财务计划的执行情况;办理其他会计事务。因此选择 ABC。

三、判断题

1	2	3	4	5
√	√	√	√	√

【解释】

第1题:略。

第2题:现今,对于我国的会计人员来说,传统的财务会计人员即"管账型"人员已经相对普遍,而能协助企业管理者作出有效经营管理决策的综合会计人才即"管理型"会计人员相对缺少。所以会计人员从"管账型"转向"管理型"是现实的呼唤。

第3题:略。

第4题:AA制饭局、一起做一项体育活动,甚至一次握手、一个眼神、一个微笑等都是具体有效的沟通形式。沟通没有固定的模式,只要是适当的、有效的沟通,就是成功的沟通。因此为√。

第5题:略。

四、技能训练

财务部门不仅仅是个管理部门,同时也是服务部门,它和企业很多部门和人员都有直接关系,如办理报销、发工资、办理结算、履行会计手续等业务。因为在办理会计手续的过程中,会计人员要严格按照国家法律和企业规章制度办理,而前来办理手续的人不一定都了解这个过程,有时会发生矛盾冲突,此时会计人员要具备良好的沟通能力,认真巧妙地加以解释,使对方能够愉快地与会计人员合作处理好所要办理的会计业务。

五、案例分析题

(1) 体现了企业中会计人员沟通能力的重要性。

(2) 违反了坚持准则的会计职业道德要求。

(3) 会计案例中体现的会计人员的沟通技巧有:

①掌握说话的分寸。②会计人员既要坚持原则,又要讲究态度方法。对于会计人员,有一定的财权,这就需要我们坚持原则,行就是行,不行要和人家讲明白。企业财务审批权限和程序不尽相同,绝大多数企业仍执行一支笔审批制度。很多企业都是由主管财务的副总或老总签批。当客户或当事人拿来单据让你报销付款时,作为会计人员应当审查单据的合法性和真实性,发现问题及时和上司沟通。③会计人员应积极主动,协调好与各部门的关系。